La LOPA y sus antecedentes normativos: Estudio comparativo con el proyecto de 1965 y la LPA española de 1958

Miguel Ángel Torrealba Sánchez

Matrices comparativas realizadas
por Leonardo Andrés Martínez Mogollón

Universidad Monteávila · editorial jurídica venezolana

Universidad Monteávila
Caracas, 2025

La LOPA y sus antecedentes normativos:
Estudio comparativo con el proyecto
de 1965 y la LPA española de 1958
© Miguel Ángel Torrealba Sánchez
© Universidad Monteávila
© Editorial Jurídica Venezolana
Hecho el Depósito de Ley
Número de Depósito Legal: MI2024000670
ISBN: 978-980-6769-50-2

Universidad Monteávila
Avenida El Buen Pastor, Boleíta Norte, Caracas, Venezuela
Rif: J-30647247-9
www.uma.edu.ve

Editorial Jurídica Venezolana
Caracas, Venezuela
Rif: J-00107029-0

*Agradezco a Isabel Carlota Bacalao Römer (†)
y a Julia Barragán, la primera en el ámbito profesional
y la segunda en las aulas de postgrado de mi UCV,
por darme a conocer la técnica de elaboración
de matrices comparativas como insumo
para la investigación jurídica.
Sin ella, este libro no sería como es.
Y probablemente, tampoco mi carrera académica.*

Índice

Presentación 8
Prólogo 10
Preliminar 15

I. EL PROYECTO BREWER-CARÍAS - MARTÍN RETORTILLO -
    RUBIO LLORENTE DE LEY DE PROCEDIMIENTOS
    ADMINISTRATIVOS DE 1965 Y SU INFLUENCIA
    EN EL TEXTO QUE SE CONVIRTIÓ EN LA LEY ORGÁNICA
    DE PROCEDIMIENTOS ADMINISTRATIVOS (LOPA) EN 1981 ... 21

II. ESTUDIO COMPARATIVO ENTRE LA LOPA,
    EL PROYECTO DE 1965 Y LA LPA 28

   DISPOSICIONES GENERALES
   1. Ámbito de aplicación 30
   2. Derecho de petición 33
   3. Silencio administrativo negativo 34
   4. Responsabilidad disciplinaria y patrimonial
      del funcionario 38
   5. Plazo para resolver asuntos que no requiera sustanciación 38

   LOS ACTOS ADMINISTRATIVOS
   1. Requisitos, caracteres y límites 41
      1.1. Motivación 41
      1.2. Rango sublegal 42
      1.3. Retroactividad in bonus 42
      1.4. Discrecionalidad administrativa 43
      1.4. Jerarquía, denominaciones y clasificación 46
   2. Nulidades y efectos 46
      2.1. Causas de nulidad absoluta 47
      2.2. Causas de nulidad relativa 48
      2.3. Efectos de las nulidades 51
      2.4. Principio de conservación del acto 51

3. Régimen de publicidad 53
   3.1. Reglas generales 53
   3.2. Efectos de la notificación defectuosa 54
   3.3. Notificación impracticable 57
4. Ejecución 57
   4.1. Actuaciones materiales y vías de hecho 57
   4.2. Ejecutividad como principio general 59
   4.3. Ejecutoriedad 59
   4.4. Modalidades de ejecución forzosa 60

LAS PARTES
1. Los interesados... 64
2. Mandato de representación...68
3. Deber de suministrar información a la Administración Pública 68
4. Deber de comparecer ante la Administración Pública...............69

LA ACTIVIDAD ADMINISTRATIVA
1. Principios de la actividad administrativa 72
2. Racionalización administrativa 73
3. Inhibición y recusación 73
4. Publicidad de la organización administrativa.............................79
5. Deber de recibir la documentación presentada por los particulares..83

LOS PROCEDIMIENTOS DE FORMACIÓN DEL ACTO ADMINISTRATIVO
1. El Procedimiento ordinario...85
   1.1. Inicio 85
      1.1.1. Supuestos de procedencia 85
      1.1.2. Notificación del inicio del procedimiento 88
      1.1.3. Subsanación del escrito de solicitud 88
   1.2. Sustanciación 89
      1.2.1. Solicitud de información y documentación...........89
      1.2.2. Pruebas..90
      1.2.3. Derecho de acceso al expediente..............................92

   1.2.4. Omisión del informe obligatorio
     de la Consultoría Jurídica..94
 1.3. Terminación 94
2. El Procedimiento sumario 95

LOS PROCEDIMIENTOS DE REVISIÓN
DEL ACTO ADMINISTRATIVO

1. Inicio de oficio o a instancia de parte 97
 1.1. La convalidación 97
 1.2. La revocación..98
 1.3. El reconocimiento de la nulidad absoluta 100
 1.4. La corrección de errores materiales o numéricos..............101
2. Los recursos administrativos..103
 2.1. Premisa: del recurso de reconsideración
   o jerárquico (alternativos) en el Proyecto de 1965
   al recurso de reconsideración y jerárquico
   (acumulativos) en la LOPA. Implicaciones. 103
 2.2. Disposiciones generales 109
   2.2.1. Actos administrativos recurribles 109
   2.2.2. Requisitos formales del escrito del recurso 110
   2.2.3. Inadmisión del recurso..110
   2.2.4. Ejecutividad y suspensión de efectos
     del acto recurrido..111
   2.2.5. Exhaustividad de la decisión 111
 2.3. Los recursos de reconsideración y jerárquico..................113
 2.4. El recurso de revisión..114

Reflexión final..116

III. MATRICES COMPARATIVAS LOPA,
PROYECTO DE 1965 Y LPA

 I. Título I Disposiciones Fundamentales,
   Capítulo I Disposiciones Generales..120
 II. Actos Administrativos 129
 III. Nulidad y Anulabilidad..139
   Ámbito de aplicación..139
   Nulidad absoluta de los actos..140

	Anulabilidad de los actos...143
	Convalidación de los actos anulables....................................145
IV.	Las partes 147
	La Actividad Administrativa. 152
V.	Inhibición 159
	Recusación 167
VI.	Términos y Plazos..169
	Recepción de Documentos...172
VII.	Procedimiento ordinario 175
	Iniciación del procedimiento ordinario.............................175
	Sustanciación del procedimiento ordinario......................180
	Terminación del procedimiento ordinario........................188
VIII	Procedimiento Sumario. 193
IX.	Publicidad de los actos administrativos. 196
	Ejecución de los actos administrativos. 201
X.	Revisión de Oficio 207
	Disposiciones Generales de los Recursos Administrativos. 209
	Recurso de Reconsideración..218
	Recurso de Jerárquico...219
	Recurso de Revisión. 221

Bibliografía 225

Presentación

Animar el diseño, la planificación y el desarrollo de las tareas de investigación científica, creando las condiciones satisfactorias para el desarrollo de dichas tareas, ocupa lugar preferente entre las actividades que le corresponden a la Facultad de Ciencias Jurídicas y Políticas en esta etapa de su trayectoria académica al conmemorar veinticinco años de presencia en el mundo universitario venezolano.

El 4 de octubre de 1999, luego de haber recibido las correspondientes autorizaciones de ley, inició nuestra Facultad, junto con toda la Universidad Monteávila, el cumplimiento de su primer cometido, el de brindar las posibilidades para aprender "a aprender y a pensar" las ciencias jurídicas. Hoy veinticinco años después nuestra Facultad, establecida ya como un importante centro de estudios, apoya decididamente la producción científica por parte de sus profesores y alumnos.

Unos meses atrás el doctor Miguel Ángel Torrealba Sánchez, distinguido profesor de Instituciones de Derecho Administrativo de nuestra Facultad, nos propuso un proyecto de investigación, que contó con el auspicio del Consejo de Desarrollo, Científico, Humanístico y Tecnológico, y requirió de la Facultad la colaboración de un auxiliar de investigación para que le apoyase durante la recopilación de información y elaboración de cuadros comparativos que le permitieran plasmar en el papel y con mayor claridad el resultado de su investigación. Fue así como bajo su dirección y guía elaboró el libro: *"La LOPA y sus antecedentes normativos: Estudio comparativo con el Proyecto de 1965 y la LPA española de 1958"*, de su autoría, que hoy se publica bajo el sello de la muy respetada Editorial Jurídica Venezolana, dirigida desde su fundación por el muy respetado profesor Allan Brewer-Carías, en coedición y con el patrocinio de la Universidad Monteávila. Valga aquí reconocer el aporte a este proyecto de investigación hecho por el estudiante de Derecho Leonardo Andrés Martínez Mogollón.

La investigación científica desplegada en el seno de las universidades es un valioso aporte a la sociedad en su incesante búsqueda de la verdad y un útil instrumento para la enseñanza universitaria al permitirle a los profesores expresar su fuerza creativa, crítica e innovadora a la par que le permite a los estudiantes, durante sus años formativos, poder iniciarse en esa emocionante e instructiva experiencia del descubrimiento del conocimiento de lo humano.

En la Venezuela contemporánea se hace necesario rescatar la importancia de LOPA para un Estado de Derecho, una ley que fue hecha para contener el despotismo de los funcionarios públicos y asegurar los derechos de los administrados, y así, de alguna forma, servir de desincentivo a la aberrante corrupción, y ello a pesar de que la experiencia diaria nos muestra que diariamente esa ley, promulgada hace más de cuarenta años, es violentada impunemente por la burocracia y olvidada por la justicia, mientras que ambas se afanan en esgrimir el derecho para desprestigiar a los administrados. El libro del profesor Torrealba Sánchez, a quien sinceramente felicitamos por esta obra, ayudará a entender mejor ese inmenso esfuerzo que concluyó con la promulgación de la LOPA y a buscar vías para hacer realidad el deseo de sus proyectistas.

Eugenio Hernández-Bretón
Decano de la Facultad de Ciencias Jurídicas y Políticas
Universidad Monteávila

Prólogo

Debo comenzar agradeciendo al profesor Miguel Ángel Torrealba Sánchez por el honor que me ha hecho requiriéndome preparar el Prólogo a esta su excelente obra sobre *"La Ley Orgánica de Procedimientos Administrativos y sus antecedentes normativos: Estudio comparativo con el Proyecto de 1965 y la Ley de procedimiento Administrativo española de 1958,"* que ha preparado en el marco de los trabajos de investigación desarrollados en la Facultad de Ciencias Jurídicas y Políticas de la Universidad Monteávila. En la misma contó con la colaboración del estudiante de Derecho Leonardo Andrés Martínez Mogollón, en la preparación de unos muy importantes y útiles matrices comparativas de los tres instrumentos normativos mencionados, que permiten apreciar con toda precisión las relaciones entre los mismos.

El trabajo tuvo su origen en el estudio que Torrealba Sánchez preparó para el XXII Foro Iberoamericano de Derecho Administrativo que se celebró en Santiago de Chile a comienzos de octubre 2023, y como lo indica el autor, la idea concreta para realizar la investigación que hoy tenemos concluida y publicada, le surgió luego de leer mi libro sobre *El procedimiento administrativo en Venezuela. El Proyecto de Ley de 1965 y la Ley Orgánica de Procedimientos Administrativos de 1981*, publicado en 2022, de lo cual, por supuesto, me alegro mucho, pues confirma que mucho queda de lo que uno escribe.

Y más, cuando el resultado es un trabajo de amplísimo alcance, en el cual se estudian, con toda acuciosidad y con un extraordinario y completo manejo de toda la bibliografía de derecho administrativo venezolano pertinente al tema tratado, los antecedentes de la Ley Orgánica de Procedimientos Administrativos de 1981, específicamente en el texto del Proyecto de Ley de 1965, en cuya redacción tuve el privilegio de colaborar junto con los profesores Sebastián Martín Retortillo y Francisco Rubio Llorente.

Y nadie mejor para acometer esta investigación que el profesor Torrealba Sánchez, quien luego de graduarse de abogado con Mención *Magna Cum Laude* en la Universidad Central de Venezuela, obtuvo el Título de Máster en Política Territorial y Urbanística, Universidad Carlos III de Madrid (España), el título de Especialista en Derecho Administrativo en la Universidad Central de Venezuela, el título de Doctor en Derecho Administrativo Iberoamericano, en la *Universidade da Coruña* (España) y siguió un Curso de Ampliación sobre Constitucionalismo y Democracia. Nuevos paradigmas de la teoría del Derecho en la Universidad de Castilla-La Mancha (España).

Con una destacada actividad profesional, ha combinado la misma con la docencia, habiendo sido desde 1997 Profesor de la Universidad Central de Venezuela (actualmente Titular), desde 2003 Profesor en la Universidad Católica Andrés Bello y desde 2017 profesor en la Universidad Monteávila, donde desde 2015 es Director adjunto del Centro de Estudios de Regulación Económica (CERECO); y con la actividad de investigación en el campo jurídico, habiendo publicado nueve libros y un centenar de artículos en Revistas especializadas.

Del análisis que ha hecho en este importante trabajo que ahora prologamos, quiero destacar algunos aspectos puntuales, partiendo de dos apreciaciones fundamentales que hace el profesor Torrealba Sánchez, por una parte, de que la Ley vigente de Procedimientos Administrativos de 1981 (LOPA) "debe la mayor parte de su contenido al Proyecto 1965," por lo que afirma que ese último "es el antecedente directo y principal de la LOPA;" y por la otra, que si bien es innegable el influjo de la Ley de Procedimientos Administrativo española de 1958, que era el único instrumento normativo en la materia en lengua española que existía, su influencia "es indirecta y secundaria," pues "el Proyecto 1965 no parte de la Ley de 1958, sino fundamentalmente de la jurisprudencia venezolana."

Y así fue; y ese fue mi aporte fundamental en la elaboración del Proyecto de 1965, momento en el cual tenía toda la jurisprudencia en materia de derecho administrativo que había recopilado entre 1960 y 1962 en el Instituto de Codificación y Jurisprudencia del Ministerio de Justicia, a la mano; y que había trabajado acuciosamente con motivo de la redacción de mi Tesis doctoral sobre *Las Instituciones Fundamentales del Derecho Administrativo y la Jurisprudencia venezolana*, entre 1962 y 1963, ya publicada (1964) para cuando el Proyecto de Ley de 1965 estaba publicado.

Y esos aportes se pueden identificar en algunos ejemplos de artículos de la LOPA de 1981, inspirados en el Proyecto de 1965 que, en este año, no tenían parangón normativo en las Leyes españolas y que destaco puntualmente. Me refiero, como ejemplo, a tres casos:

Primero, al caso del principio de la motivación de los actos administrativos, que la jurisprudencia venezolana venía exigiendo, y que se estableció como regla general en el Proyecto de 1965 (Art. 13) y en la LOPA de 1981 (Art. 9), con excepción de los de mero trámite o lo que así expresamente disponga la ley. El tema, lo había estado trabajando específicamente como resulta de la recopilación de jurisprudencia sobre "La motivación de los actos administrativos en la jurisprudencia venezolana," que se publiqué en la *Revista de la Facultad de Derecho*, N° 33, Universidad Central de Venezuela, Caracas, marzo 1966, pp. 151-166. La Ley española de 1965, sobre la materia, solo establecía la motivación para los actos que limiten derechos subjetivos o si así lo exige expresamente la ley para el caso concreto, o bien, si se trata de los actos que suspenden a su vez actos que han sido recurridos (artículo 43).

Segundo, otro caso de originalidad es el del régimen de la discrecionalidad administrativa y sus límites, que tenía una fuente jurisprudencial importante en el país, que se estableció en el artículo 14 del Proyecto de 1965 y en el artículo 12 de la LOPA de

1981, para lo cual me basé en el estudio que estaba preparando coetáneamente sobre "Los límites del poder discrecional de las autoridades administrativas," que fue publicado en la *Revista de la Facultad de Derecho*, UCAB, No. 2, Caracas, 1965-66, pp. 29 ss.

La norma en la ley vigente dispone que:

"Aun cuando una disposición legal o reglamentaria deje alguna medida o providencia a juicio de la autoridad competente, dicha medida o providencia deberá mantener la debida proporcionalidad y adecuación con el supuesto de hecho y con los fines de la norma, y cumplir los trámites, requisitos y formalidades necesarios para su validez y eficacia".

Esta norma, totalmente original en la época, tuvo luego sus influencias en algunas leyes en América Latina. Por ejemplo, en el Código Contencioso Administrativo (Libro sobre Procedimientos Administrativos) de Colombia de 1984 se incluyó esta norma:

"*Artículo 36.* En la medida en que el contenido de una decisión, de carácter general o particular, sea discrecional, debe ser adecuada a los fines de la norma que la autoriza, y proporcional a los hechos que le sirven de causa."

El principio fue incluso recogido en el Reglamento sobre Procedimientos Administrativos de la Secretaría General de la Comunidad Andina que establece que (Art. 10):

"Cuando una norma del ordenamiento jurídico de la Comunidad Andina disponga la aplicación de alguna medida por parte de la Secretaría General, dicha medida o providencia deberá mantener la debida proporción con los supuestos de hecho y con los fines de la norma y cumplir los trámites, requisitos y formalidades necesarios para su validez y eficacia."

Y tercero, un caso adicional de originalidad en el régimen del Procedimiento Administrativo en el Proyecto de Ley de 1965 (Art. 19), que recoge la LOPA de 1981 (Art. 82), es el que se refiere a la potestad revocatoria genérica de los actos administrativos por parte de la Administración, cuando no originen derechos adquiridos, lo que, como lo observa Torrealba: " no tiene equivalente en la LPA de 1958," la cual solo reguló entre otras previsiones, la declaración de nulidad de los actos administrativos nulos de pleno derecho (artículo 109).

Muchas otras regulaciones se establecieron en el Proyecto de Ley de 1965, como es el caso del régimen de las notificaciones de los actos administrativos (Arts. 82 ss.), incluyendo previsiones sobre los efectos de las notificaciones defectuosas o impracticables, cuyas previsiones se recogieron posteriormente en la LOPA de 1981 (Arts. 72 ss.), y que en ese momento no tenían equivalente en el antecedente de la Ley española de 1958.

En fin, tenemos aquí, publicado por la Universidad Monteávila, en coedición con la Editorial Jurídica Venezolana, un aporte de primera importancia sobre los orígenes de una de las leyes más importantes para el derecho administrativo venezolano, como es la ley Orgánica de Procedimientos Administrativos, por el cual, no nos queda más sino agradecer a su autor por el esfuerzo que ha hecho y felicitarlo por el resultado de su investigación.

Allan R. Brewer-Carías
Nueva York, noviembre de 2024

Preliminar

Esta pequeña obra: *La LOPA y sus antecedentes normativos: Estudio comparativo con el Proyecto de 1965 y la LPA española de 1958*, tiene su origen en un trabajo que preparé para el XXII Foro Iberoamericano de Derecho Administrativo realizado en Santiago de Chile, que tuvo lugar del 2 al 3 de octubre 2023[1]. Trabajo que, enmarcado en el estudio de los Derechos Humanos y el Derecho Administrativo, específicamente del Debido Proceso en sede administrativa, describió sucintamente varios de los aspectos en que la Ley Orgánica de Procedimientos Administrativos aborda el tratamiento de esa garantía adjetiva, en comparación con sus antecedentes normativos.

A su vez, la idea para realizar esa investigación surgió luego de leer la obra de Allan R. Brewer-Carías: *El procedimiento administrativo en Venezuela. El Proyecto de Ley de 1965 y la Ley Orgánica de Procedimientos Administrativos de 1981*, Editorial Jurídica Venezolana, Caracas, 2022. Texto en el que, además de explicar cómo y por qué surgió y se elaboró el texto del Proyecto de Ley de Procedimientos Administrativos de 1965, el autor incluye las correspondientes concordancias entre ese Proyecto (en lo sucesivo el Proyecto de 1965), lo que resultó ser el texto de la Ley Orgánica de Procedi-

---

1   TORREALBA SÁNCHEZ, Miguel Ángel: *Una mirada retrospectiva al debido proceso en el procedimiento administrativo venezolano: Del proyecto de 1965 a la Ley Orgánica de Procedimientos Administrativos de 1981*. En: RODRÍGUEZ ARANA-MUÑOZ, J., DELPIAZZO RODRÍGUEZ, C., RODRÍGUEZ MARTÍN-RETORTILLO, M.C., CAMACHO CÉPEDA, G., MORAGA KLENNER, C. y MUÑOZ CHIU, N.M. (Coords.): Derechos humanos y Derecho Administrativo. Tirant Lo Blanch-Universidad de Chile. Valencia-España, 2023, pp. 1.503-1.543. Una segunda versión fue publicada en la Revista de Derecho Público Núm. 175-176. Junio-diciembre de 2023. EJV. Caracas, 2023, pp. 179-204. Las referencias que se harán en estas páginas serán a esa última publicación.

mientos Administrativos de 1981 (en lo sucesivo LOPA) y la Ley española de 17 de julio de 1958 sobre Procedimiento Administrativo (en lo sucesivo LPA).

Y esto último es especialmente importante, dado que ya antes, en el volumen IV del Archivo de Derecho Público y Ciencias de la Administración publicado por el Instituto de Derecho Público de la UCV[2] se habían divulgado los proyectos venezolanos de ley de procedimientos administrativos, mas sin las concordancias de los textos. Proyectos que había ojeado en previas ocasiones, pero que no vine a reparar en toda sus trascendencia para lo que terminó siendo la LOPA sino hasta leer el trabajo de Brewer-Carías de 2022.

Ahora bien, esa preliminar investigación evidenció varias cosas, las dos principales en su pertinencia con lo aquí expuesto:

Primero: Que la LOPA debe la mayor parte de su contenido al Proyecto 1965, dado que los anteproyectos o proyectos posteriores a 1965[3] (contenidos en la ya referida publicación del Instituto de Derecho Público) consisten básicamente en variaciones menores, en algunos casos apartándose para luego volver a su fuente original, del Proyecto 1965. Así pues, puede decirse que ese último, autoría de Brewer-Carías-Martín Retortillo-Rubio Llorente, es el antecedente directo y principal de la LOPA[4].

---

2   INSTITUTO DE DERECHO PÚBLICO: *Archivo de Derecho Público y Ciencias de la Administración: El procedimiento administrativo.* Vol. IV. UCV. FCJP. Caracas, 1983, pp. 305-464.

3   El texto previo, que puede llamarse Anteproyecto Polanco Alcántara, más allá de alguna que otra disposición, no tuvo influencia determinante en los siguientes, como se comprueba de su lectura (INSTITUTO DE DERECHO PÚBLICO, *op. cit.*, pp. 305-329).

4   Como señaló BREWER-CARÍAS, Allan R.: *El procedimiento administrativo en Venezuela. El Proyecto de Ley de 1965 y la Ley Orgánica de Procedimientos Administrativos de 1981.* EJV. Caracas, 2022, p. 13. De allí que discrepo de la afirmación atinente a que tanto el anteproyecto como el proyecto de lo que terminó siendo LOPA "...aparentemente no tienen padres conocidos" (TOVAR TAMAYO, Orlando: *El proceso de elabora-*

Segundo: Que la influencia de la LPA es indirecta y secundaria, aunque no desdeñable, pues el Proyecto 1965 no parte de la Ley de 1958, sino fundamentalmente de la jurisprudencia venezolana[5]. No obstante, dado el prestigio del instrumento legislativo español aprobado pocos años antes, elaborado además por muy reputados administrativistas y cuya importancia es bien conocida, así como el hecho de que dos de los tres proyectistas del texto de 1965 venían de ese país (en el caso de Rubio Llorente llegado de la vida universitaria española y retornado a ella luego de su estadía ucevista), es innegable su influjo. Lo señala Brewer-Carías en su ya referido libro[6], se confirma en el texto de mi previo trabajo y se comprueba aún más, si es que fuera necesario, en estas páginas.

Retomando el hilo inicial, publicado el artículo, me quedó claro que un trabajo comparativo de mayor alcance entre los tres textos normativos podía resultar fructífero y útil. Primeramente, para conocer mejor el origen y el propósito de cada precepto y de los institutos y categorías regulados en nuestra LOPA, lo que no es poca cosa. Pero también con el propósito de contribuir, siquiera mínimamente, a orientar acerca de qué habrá de modificarse en esta y cómo se actualizará cuando la oportunidad sea propicia para ello. Ambos cometidos, pues, justificaban un desarrollo posterior.

Fue allí cuando las circunstancias devinieron propicias, al resultar ese objetivo acorde con las propuestas de iniciativas académicas y de investigación que estaban surgiendo en la Universidad Monteávila. Lo que es lógico, dado que la tríada de funciones que debe prestar una universidad se compone de docencia, extensión

---

ción de la Ley Orgánica de Procedimientos Administrativos. En: Archivo de Derecho Público y Ciencias de la Administración. Vol. IV-1980-1981. UCV-FCJP. Caracas, 1983, p. 298).
5   Cfr. BREWER CARÍAS, *op. cit.*, p. 12.
6   *Idem*.

e investigación, asunto que no está de más recordarlo como he hecho en previas ocasiones[7].

Así pues, por intermedio de las autoridades de la Facultad de Ciencias Jurídicas y Políticas, especialmente de las profesoras Diana Trías Bertorelli y Eucaris Meza de Valdivieso, Directora y Secretaria Académica respectivamente, con el apoyo del Decano profesor Eugenio Hernández Bretón, por una parte; y con el auspicio del Consejo de Desarrollo Científico, Humanístico y Tecnológico (CDCHT), se logró un programa de pasantía académica para que un estudiante apoyara la investigación.

Cabe destacar que se trató de algo novedoso, dado que las pasantías en la FCJP de la UMA las realizan los alumnos a partir del séptimo semestre en escritorios jurídicos o en instituciones públicas o privadas con funciones en el área legal, con evidente énfasis en la formación práctica profesional. Una pasantía de investigación en un Centro de Estudios era, pues, una innovación que no dejaba de presentar ventajas, pero también riesgos.

Decidida la iniciativa y con el fin de ponerla en práctica, como Director Adjunto del Centro de Estudios de Regulación Económica (CERECO-UMA) y luego de conversarlo con su Director, Víctor Rafael Hernández-Mendible, diseñé la actividad que se requería para llevar a buen puerto el proyecto de investigación. A saber, la elaboración de matrices comparativas de los tres instrumentos normativos con el propósito de facilitar el análisis y la comparación correspondientes, por un lado; y por otro, permitir al lector curioso la confrontación directa de los preceptos respectivos, sirviendo así de apoyo a los comentarios que se basarían en mi análisis preliminar, ahora ampliado a toda la LOPA.

Esa labor de desarrollo de las matrices comparativas fue la que el estudiante Leonardo Andrés Martínez Mogollón realizó durante

---

7 TORREALBA SÁNCHEZ, Miguel Ángel: "Reflexiones sobre el estado actual de la investigación jurídica en Venezuela. Especial referencia al Derecho Administrativo". *Revista Venezolana de Legislación y Juris-*

los semestres lectivos septiembre 2023-junio 2024, bajo mi supervisión, orientación y revisión. Pasantía académica que coincidió en el tiempo cuando cursó las asignaturas: Derecho Administrativo III (Procedimiento Administrativo) y Derecho Administrativo IV (Derecho Procesal Administrativo) en los semestres séptimo y octavo, respectivamente, de la carrera de Derecho.

La idea era que combinara el estudio teórico de las instituciones del Derecho Administrativo Formal y luego del contencioso-administrativo con su labor de pasante, en la que debía realizar una comparación minuciosa de la LOPA con los instrumentos legislativos que más influyeron en su elaboración. Labor que complementaría y reforzaría su aprendizaje dogmático con la revisión histórica de algunos importantes antecedentes de la ley que regula la materia, que es, además, una de las columnas que el Derecho positivo aporta para cimentar el Derecho Administrativo venezolano.

Espero que esa actividad complementaria, clásica pasantía que creo más a la usanza de otras latitudes o de mejores tiempos en los institutos y centros universitarios de investigación jurídica del país[8], le haya sido provechosa a Leonardo en su etapa de formación y lo siga siendo culminada su carrera, así como en su futuro desempeño profesional.

Ya para finalizar, dado que las reflexiones concretas sobre los resultados de la investigación se expondrán más adelante, solo me resta agradecer a todos quienes hicieron posible esta iniciativa aca-

---

prudencia N° 21. Caracas, 2023, pp. 257-268. https://rvlj.com.ve/wp-content/uploads/2024/01/RVLJ-N-21-257-268.pdf.

8 Ejemplos de esta clásica técnica de tratamiento y ordenación de datos (así como de otras) puede verse en la matriz comparativa desplegable ubicada entre las páginas 80 y 81 del trabajo de: CALCAÑO DE TEMELTAS, Josefina: *Aspectos generales del régimen legal de la Corte Suprema de Justicia*. En: *Ley Orgánica de la Corte Suprema de Justicia*. Editorial Jurídica Venezolana, Caracas, 1991, así como en: AZPÚRUA Q., Pedro Pablo y Cecilia SOSA GÓMEZ: *Hacia una Ley de Aguas. Evolución del Proyecto de Ley (1972-1982)*. S/E. Caracas, 1984.

démica en la Universidad Monteávila, tanto los que nombré como otros, con quienes me disculpo por no incluirlos expresamente. Igualmente, tengo la expectativa de que este proyecto piloto sea el inicio de una fructífera labor de coordinación entre las diversas instancias universitarias con el fin de darle continuidad al apoyo en la labor de investigación y publicación de los diversos Centros de Estudio que hacen vida en la institución, labor especialmente necesaria en el ámbito jurídico actual.

Culmino, por supuesto, haciendo votos porque esta contribución sea del agrado y provecho de sus lectores, esto es, la comunidad jurídica venezolana.

En Caracas, octubre de 2024.

Miguel Ángel Torrealba Sánchez
Profesor Titular de Derecho Administrativo UCV,
profesor de Derecho Administrativo UMA
y Director Adjunto del CERECO-UMA.

I. EL PROYECTO BREWER-CARÍAS - MARTÍN RETORTILLO - RUBIO LLORENTE DE LEY DE PROCEDIMIENTOS ADMINISTRATIVOS DE 1965 Y SU INFLUENCIA EN EL TEXTO QUE SE CONVIRTIÓ EN LA LEY ORGÁNICA DE PROCEDIMIENTOS ADMINISTRATIVOS (LOPA) EN 1981[9]

---

[9] Este apartado se basa en el epígrafe I de mi texto: *Una mirada retrospectiva al debido proceso en el procedimiento administrativo venezolano: Del proyecto de 1965 a la Ley Orgánica de Procedimientos Administrativos de 1981*. Revista de Derecho Público Núm. 175-176. EJV. Caracas, 2023, pp. 182-184.

Aunque no fue el primero, el Proyecto de Ley de Procedimientos Administrativos elaborado en 1965 en el seno del Instituto de Derecho Público de la Universidad Central de Venezuela fue en sí un hito en la evolución del procedimiento administrativo venezolano. Texto redactado por Allan Randolph Brewer-Carías con la participación de Sebastián Martín-Retortillo Baquer y Francisco Rubio Llorente. El segundo, en una estancia académica en Caracas, y el tercero, a la sazón miembro del personal de investigación de la entonces Facultad de Derecho de la UCV, en el Instituto de Estudios Políticos[10].

Como afirma Brewer-Carías[11], y puede comprobarse de la comparación de ambos textos, es ese Proyecto el antecedente directo de la LOPA, al punto de que puede sostenerse que los proyectos posteriores solo se apartan de su texto con cambios puntuales en el articulado. Incluyendo el presentado al Congreso por el Ministerio de Justicia al inicio del período legislativo en el que se sancionó y promulgó lo que terminó siendo el instrumento legal vigente[12.]

---

10 Cfr. BREWER-CARÍAS, *op. cit.*, pp. 9-11; BREWER-CARÍAS, Allan R.: *40 años de la Ley Orgánica de Procedimientos Administrativos*, conferencia virtual del 08/11/22. Aula virtual Brewer-Carías-FUNEDA-CIDEP-Universitas fundación: https://www.youtube.com/watch?v=3ZpoRi8Q_6c.

11 BREWER-CARÍAS, *El procedimiento...*, pp. 9-13.

12 Probablemente por ello, en el evento virtual: *40 años...*, frente a un señalamiento doctrinario, Brewer-Carías expresa que, materialmente, los proyectos posteriores son el mismo de 1965. En efecto, la referencia se corresponde con la aseveración atinente a que el texto de la LOPA: "...corresponde a un proyecto presentado a la consideración del Congreso Nacional, por el Ministro de Justicia de Justicia en el año 1978, en el cual se recogieron las ideas generales de los diferentes Proyectos que se habían venido elaborando en ese Ministerio y en la hoy extinguida Comisión de Administración Pública (CAP)" (RONDÓN DE SANSÓ, Hildegard: *Estudio preliminar*. En: Ley Orgánica de Procedimientos Administrativos. 5° edición. EJV. Caracas, 1989, p. 55). Solo formalmente la afirmación transcrita es cierta, pues requiere de complemento para darle precisión. Todos esos proyectos, como afirma Brewer-Carías y se constata de su lectura, no fueron otra cosa que ligeras variantes que se fueron apartando sucesivamente (a veces

En tal razón, y además porque luce difícil y poco provechoso intentar siquiera determinar el origen de los sucesivos cambios concretos que se fueron dando en la década y media que pasó entre la elaboración del Proyecto y la entrada en vigencia de la Ley, se impone entonces centrar la comparación entre el texto del Proyecto de 1965 y el que fue sancionado en 1981, entrando en vigencia en 1982.

En efecto, ya se señaló que fue determinante la influencia del Proyecto de 1965 en lo que resultó la Ley Orgánica de Procedimientos Administrativos de 1981. Tanto en la concepción, estructura y articulado, es claro que la segunda tiene como base el texto del primero[13].

Por otra parte, afirma su coautor que el Proyecto de 1965 no adopta como modelo un texto previo, sino que parte de los lineamientos asentados a la fecha por la jurisprudencia contencioso-administrativa venezolana[14]. No obstante, acota que se tomó en cuenta la hasta entonces única ley procedimental vigente para la fecha en el mundo hispano, a saber, la Ley sobre Procedimiento Administrativo española de 1958, así como la Ley sobre el Régimen Jurídico de la Administración del Estado, del mismo país. En ese sentido, destaca que los límites impuestos en el Proyecto a la potestad revocatoria de la Administración Pública se basan en el Derecho positivo español[15]. Y lo cierto es que, como se verá, esa regulación permaneció en la Ley venezolana vigente, con ligeros cambios, como casi todo el texto del Proyecto en cuestión.

---

para luego volver a aproximarse) en asuntos puntuales, del texto del Proyecto de1965 y tienen su base en ese último. Al respecto: Cfr. INSTITUTO DE DERECHO PÚBLICO: *op. cit.*, pp. 331-436.

13 Cfr. BREWER-CARÍAS, *El procedimiento...*, p. 9.

14 Véase sobre la jurisprudencia previa a la LOPA, entre otros: BREWER-CARÍAS, Allan R.: *Jurisprudencia de la Corte Suprema de Justicia 1930-1974 y Estudios de Derecho Administrativo. Tomo III. La actividad administrativa. Vol. I reglamentos, procedimiento y actos administrativos.* Instituto de Derecho Público-UCV. Caracas, 1976.

15 BREWER-CARÍAS, *El procedimiento...*, p. 12.

De tal forma que basta un vistazo panorámico al Proyecto de 1965 para constatar la similitud del esquema de la Ley vigente con el del primero. En efecto, el texto del Proyecto contiene, en su Título I de Disposiciones Fundamentales, un Capítulo Primero de reglas generales sobre el ámbito de aplicación de la Ley, el principio de legalidad en materia de procedimiento, la responsabilidad de los funcionarios en la tramitación de los asuntos y los derechos de los administrados. El Capítulo II regula a los actos administrativos en cuanto a su aplicación, límites, clasificaciones, publicidad, régimen de nulidades y alcance general de la autotutela revisora. El Capítulo III se refiere a los interesados, aunque incluye en general a los particulares, tanto partes como terceros, respecto al procedimiento administrativo.

El Título II regula la actividad administrativa, comenzando en su Capítulo I con unas disposiciones generales principistas. Seguidamente, el Capítulo II se refiere a la inhibición y recusación como mecanismos de garantía de la objetividad e imparcialidad de los funcionarios administrativos. El Capítulo III regula los términos y plazos y el IV la recepción de documentos por parte de la Administración Pública.

Luego, el Título III establece las pautas de los procedimientos administrativos, comenzando por el Capítulo I con el procedimiento ordinario, con sus diversas Secciones que agrupan las fases de inicio, sustanciación y terminación, y en el Capítulo II, con el procedimiento sumario. Seguidamente, el Capítulo III prevé con detalle el régimen de publicidad de los actos administrativos y el IV, la ejecución de estos.

El Título IV establece la regulación del ejercicio de la potestad de autotutela revisora con detalle (declaración de nulidad de oficio, límites de la potestad revocatoria y corrección de errores materiales y de cálculo), tanto de oficio –Capítulo I- como a solicitud de parte –Capítulo II-, mediante los recursos administrativos (jerárquico, reconsideración y revisión), cada uno en una sección y todas precedidas por unas disposiciones generales. Que el recurso jerárquico preceda a los otros encuentra su explicación en tal regulación, como más adelante se verá.

Concluye el Proyecto con el Título V sobre Disposiciones Transitorias y Finales. Y lo cierto es que, salvo la reubicación o supresión de algunos capítulos o secciones, la LOPA de 1981 sigue el mismo esquema[16].

Dado lo anterior, estas páginas se centrarán en la descripción, no tanto de las semejanzas entre ambos textos, que son innumerables –incluso hay abundantes identidades– sino más en bien de las diferencias.

De tal forma que el propósito de esta aproximación comparativa será, en primer término, constatar los caracteres fundamentales del régimen del procedimiento administrativo venezolano desde sus albores –recogidos en el Proyecto de 1965– hasta la entrada en vigencia de la LOPA. Y, en segundo lugar, comparar los cambios que se produjeron entre el que puede considerarse el antecedente directo con la versión final que se convirtió en Derecho vigente. Evolución que, por supuesto, en modo alguno concluyó con tal entrada en vigencia.

Al contrario, fue la jurisprudencia, y también la doctrina, la que continuó tal senda, partiendo del Derecho positivo. Pero de esas etapas más próximas a la actual han dado buena cuenta diversas investigaciones[17], por lo que remontarse a fases más remotas

---

16 Véase la obra colectiva ya citada: *Ley Orgánica de Procedimientos Administrativos*. 5° edición. Editorial Jurídica Venezolana. Caracas, 1989.

17 Cfr. antes de la LOPA, entre otros: BREWER-CARÍAS, Allan R. y Mary RAMOS FERNÁNDEZ: *Evolución jurisprudencial del Derecho a la defensa en el procedimiento administrativo*. Revista de Derecho Público Núm. 7. EJV. Caracas, 1981, pp. 197-203. Y luego, entre otros: BREWER-CARÍAS, Allan R.: *El sentido del silencio administrativo negativo en la Ley Orgánica de Procedimientos Administrativos*. Revista de Derecho Público Núm. 8. EJV. Caracas, 1981, pp. 27-34; GORDILLO, Agustín: *Algunos aspectos del procedimiento administrativo en Venezuela*. Revista de Derecho Público Núm. 9. EJV. Caracas, 1982, pp. 29-39; RONDÓN DE SANSÓ,

intenta también contribuir a colmar la exploración de terrenos menos visitados en los correspondientes estudios teóricos.

> Hildegard: *Problemas fundamentales que plantea la Ley Orgánica de Procedimientos Administrativos en las materias en las cuales rigen procedimientos especiales. Con particular referencia a la Ley de Propiedad Industrial*. Revista de Derecho Público Núm. 10. EJV, Caracas, 1982, pp. 119-128; RUAN SANTOS, Gabriel: *La Administración y la Ley Orgánica de Procedimientos Administrativos*. Revista de Derecho Público Núm. 18. EJV. Caracas, 1984, pp. 57-83; BREWER-CARÍAS, Allan R.: *El Derecho Administrativo y la participación de los administrados en las tareas administrativas*. Revista de Derecho Público Núm. 22. EJV. Caracas, 1985, pp. 5-31; BÓVEDA Z. Mery: *Evolución jurisprudencial en relación a la revocación de los actos administrativos*. Revista de Derecho Público Núm. 31. EJV. Caracas, 1987, pp. 165-179; HERNÁNDEZ-MENDIBLE, Víctor Rafael: *Los vicios intrascendentes en el Derecho Administrativo formal*. Revista de Derecho Público Núm. 51. EJV. Caracas, 1992, pp. 15-24; URDANETA SANDOVAL, Carlos: *Acerca del "Debido Proceso" en los procedimientos desplegados para el ejercicio de las funciones administrativa y legislativa*. El Derecho Público a los 100 números de la Revista de Derecho Público 1980-2005. EJV. Caracas, 2006, pp. 247- 265; MATA MARCANO, Gladys del V. y Marilena C. ASPRINO SALAS: *Algunas consideraciones sobre la función de los recursos administrativos*. Revista de Derecho Público Núm. 120. EJV. Caracas, 2009, pp. 49-65; BREWER-CARÍAS, Allan R.: *Régimen general del procedimiento administrativo en la Ley Orgánica de Procedimientos Administrativos de 1981*. Revista Electrónica de Derecho Administrativo venezolano Núm. 11. 35 años de la Ley Orgánica de Procedimientos Administrativos. La Buena Administración. UMA. Caracas, 2017, pp. 21-74; RUAN SANTOS, Gabriel: *La Administración y la Ley Orgánica de Procedimientos Administrativos*. Revista Electrónica de Derecho Administrativo venezolano Núm. 11. 35 años de la Ley Orgánica de Procedimientos Administrativos. La Buena Administración. UMA. Caracas, 2017, pp. 75-128; PESCI FELTRI, Flavia: *Los principios rectores del procedimiento administrativo en Venezuela*. Revista Electrónica de Derecho Administrativo venezolano Núm. 14. UMA. Caracas, 2018, pp. 259-296; PESCI FELTRI, Flavia: *Antecedentes de la Ley Orgánica de Procedimientos Administrativos venezolana*. Revista Electrónica de Derecho Administrativo venezolano Núm. 23. CIDEP. Caracas, 2021, pp. 9-24; HERNÁNDEZ-MENDIBLE, Víctor Rafael: *Estudio jurisprudencial de las nulidades, potestades de la Administración y poderes del juez en el Derecho Administrativo (1930-2016)*. Corte Suprema de Justicia. San Salvador, 2017; ROJAS PÉREZ, Manuel: *Principios de procedimiento administrativo*

en la Ley Orgánica de Procedimientos Administrativos. Revista Electrónica de Derecho Administrativo venezolano Núm. 23. CIDEP. Caracas, 2021, pp. 25-41; ORTIZ-ÁLVAREZ, Luis: *El privilegio de autotutela y el principio del efecto no suspensivo de los recursos (Reflexiones históricas y de tutela judicial efectiva)*. Revista de Derecho Administrativo Núm. 1. Editorial Sherwood. Caracas, 1997, pp. 71-138; ORTIZ-ÁLVAREZ, Luis: *¿Hacia una mejora de los trámites administrativos? Breves consideraciones sobre algunas innovaciones constitucionales y sobre la nueva Ley de Simplificación de Trámites Administrativos de 1999*. Revista de Derecho Administrativo Núm. 7. Editorial Sherwood. Caracas, 1999, pp. 341-357; RACHADELL, Manuel: *Las garantías de los administrados en la Ley Orgánica de Procedimientos Administrativos*. En: INSTITUTO DE DERECHO PÚBLICO: Archivo de Derecho Público y Ciencias de la Administración: El procedimiento administrativo. Vol. VII. Universidad Central de Venezuela. Facultad de Ciencias Jurídicas y Políticas. Caracas, 1983, pp. 83-106; RONDÓN DE SANSÓ: "*Estudio preliminar...*", pp. 87-95; MEIER E., Henrique: *El procedimiento administrativo ordinario*. Editorial Jurídica Alva, S.R.L. Caracas, 1992; LEAL WILHELM, Salvador: *Teoría del procedimiento administrativo*. Vadell Hermanos Editores. Caracas-Valencia, Venezuela. 2001; UROSA MAGGI, Daniela: *Inicio y sustanciación del procedimiento administrativo ordinario. Las garantías de los particulares durante estas fases*. En: Actualización en procedimiento administrativo. FUNEDA. Caracas, 2007, pp. 5-39; ARAUJO-JUÁREZ, José: *Derecho Administrativo General. Procedimiento y recurso administrativo*. Ediciones Paredes. Caracas, 2007; HERNÁNDEZ-MENDIBLE, Víctor Rafael: *Tendencias de los procedimientos administrativos en Venezuela*. En: Aberastury, P. y H.-J. Blanke (Coords.): Tendencias actuales del procedimiento administrativo en Latinoamérica y Europa. Eudeba-Konrad Adenauer Stiftung. Buenos Aires, 2012. pp. 553-568; HERNÁNDEZ-MENDIBLE, Víctor Rafael: *Los procedimientos administrativos en Venezuela*. En: CANÓNICO SARABIA, A.: *Visión actual de los procedimientos administrativos. III Congreso Internacional de Derecho Administrativo*. EJV-CAJO. Caracas, 2011, pp. 97-155; HERNÁNDEZ GONZÁLEZ, José Ignacio: *Lecciones de Procedimiento Administrativo*. FUNEDA. Caracas, 2012; BREWER-CARÍAS, Allan R.: *Tratado de Derecho Administrativo. Derecho Público en Iberoamérica. El procedimiento administrativo*. Volumen IV. Civitas Thomson Reuters-Editorial Jurídica Venezolana, Madrid, 2013; BREWER-CARÍAS, Allan R.: *Derecho Administrativo* (Reedición ampliada de la edición de Bogotá de 2005). UCAT-EJV International. Panamá, 2024, pp. 857-1.132.

II. ESTUDIO COMPARATIVO ENTRE LA LOPA, EL PROYECTO DE 1965 Y LA LPA

NOTA PREVIA:
Los siguientes comentarios no son una comparación exhaustiva de todo el articulado de la LOPA con el Proyecto de 1965 y la LPA. El análisis se centra en aquello en que la primera se aparta del segundo, y de ser el caso, en las similitudes o diferencias de ambos textos con el tercero, en aquellas ocasiones en que se ha considerado útil y pertinente la referencia a todos los instrumentos normativos. Así pues, no se examinará íntegramente el articulado de la LOPA, sino lo que se ha considerado realmente relevante por ser original o por resultar una modificación sustancial en lo que resultó el régimen legal vigente. El lector que desee hacer una comparación detallada e integral de los tres textos puede acudir a la sección de las matrices comparativas.

DISPOSICIONES GENERALES

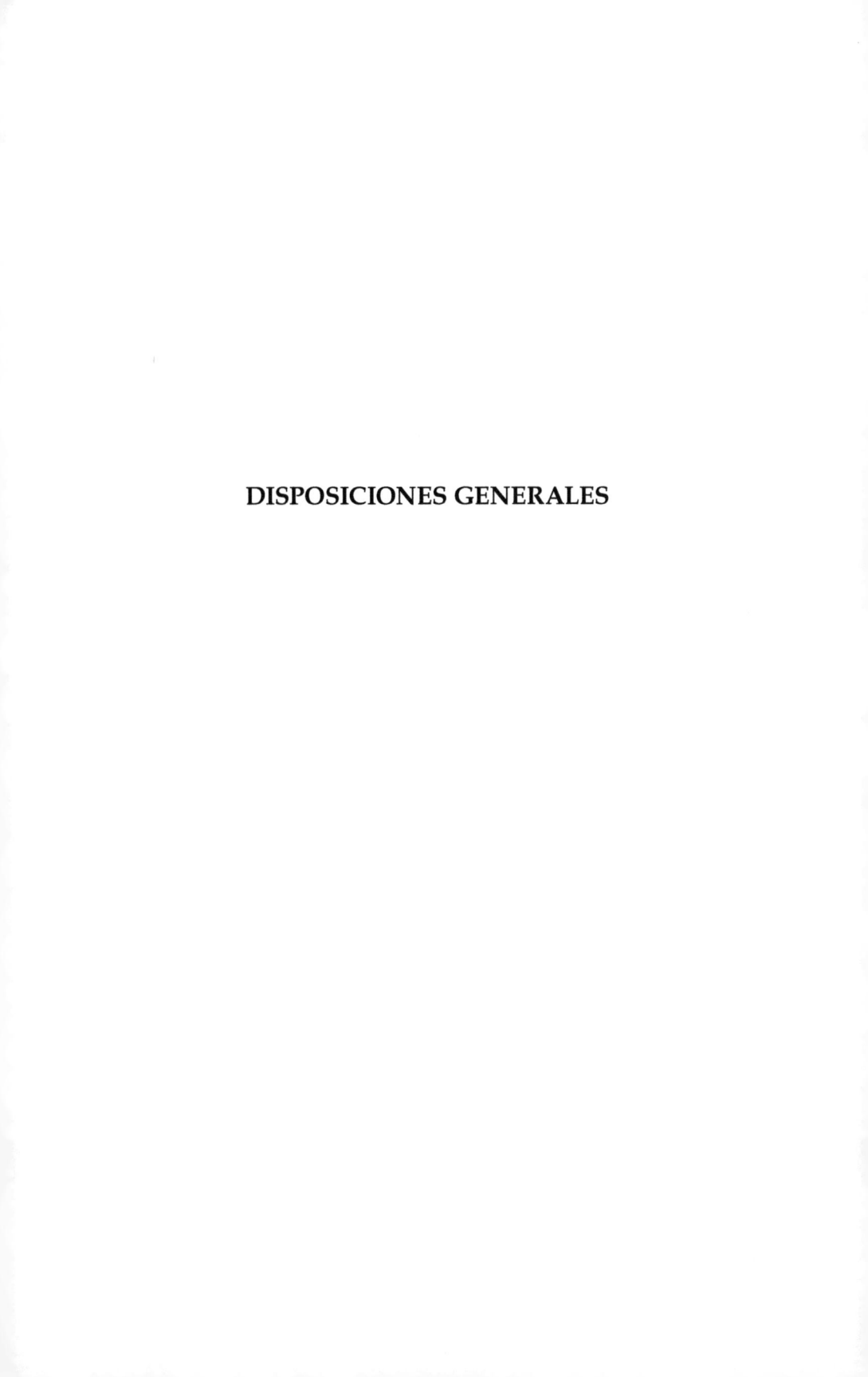

1. Ámbito de aplicación

Inicia la LOPA con una poco afortunada redacción de su primer precepto, al distinguir erradamente la Administración Pública Nacional de la descentralizada funcionalmente, así como reenviando a "sus respectivas leyes orgánicas", sin tomar en cuenta que, para entonces, la Administración Pública descentralizada carecía de texto normativo que la regulara[18]. Resultado probable de no haber advertido que alguno de los borradores utilizados debió de ser de cuando se prepararon sendos proyectos, aunque solo uno llegó a buen puerto (Ley Orgánica de la Administración Central de 1976)[19]. Culmina el artículo 1 señalando que ambos complejos orgánicos "...ajustarán su actividad a las prescripciones..." de la ley.

La solución aportada por el Proyecto 1965, semejante a la de la LPA (aplicación directa a la Administración del Estado y supletoria a las corporaciones locales y entes autónomos), nos luce más sencilla y clara que el cambio que tuvo lugar en el ámbito de aplicación subjetiva del artículo 1 de la LOPA, modificación que ocasionó un debate doctrinario recién entrada en vigencia esta última.

En efecto, en el Proyecto 1965, la Ley se aplica directamente a la Administración Pública Nacional Central y de forma supletoria a la Administración Pública Nacional descentralizada funcionalmente. Con cambios de forma pero no sustanciales, esa es la ya referida solución de la LOPA, pero a continuación agrega que las Administraciones Públicas estadales y municipales, así como la Contraloría General de la República y el Ministerio Público, ajus-

---

18 Sobre el origen del precepto puede verse: FARÍAS MATA, Luis Henrique: *El proceso de elaboración de la Ley Orgánica de Procedimientos Administrativos*. En: INSTITUTO DE DERECHO PÚBLICO: Archivo de Derecho Público y Ciencias de la Administración: El procedimiento administrativo. Vol. IV. UCV-FCJP. Caracas, 1983, pp. 291-292.

19 Pueden verse algunos de los proyectos de regulación para la Administración Pública descentralizada previos a la LOPA en: BREWER-CARÍAS, Allan R.: *Proyectos de Ley en materia de Derecho Público*. EJV. Caracas, 2022, pp. 667-719.

tarán sus prescripciones a la Ley "...en cuanto les sea aplicable". Con una solución tan ambigua y abierta que dejaba la aplicabilidad del texto legal al criterio del operador jurídico[20], la controversia estaba servida, que fue lo que sucedió[21].

En todo caso, se trata de dos supuestos distintos pero regulados en el mismo dispositivo[22]. El primero, relacionado con la autonomía estadal y municipal, reivindicada por un sector de la doctrina. En ese sentido, con diversos matices, se sostuvo, desde que la aplicación directa de la LOPA implicaba una disminución de tal autonomía hasta que esa Ley no le era aplicable a tales administraciones por estar concebida para la Administración Pública Nacional y no para las estructuras organizativas estadales y locales[23].

---

[20] Con razón se señala que la redacción del precepto: "...*es tan confusa y origina tantos problemas de interpretación que parece el resultado de una fórmula de compromisos...*" (ARAUJO-JUÁREZ, José: *Derecho Administrativo General. Procedimiento y recurso administrativo...*, p. 147). De "poco feliz" calificó la redacción RONDÓN DE SANSÓ, Hildegard: *Estudio preliminar...*, p. 60.

[21] Véase: CASADO HIDALGO, Luis: *Presencia de elementos inquisitivos en la Ley Orgánica de Procedimientos Administrativos*. En: INSTITUTO DE DERECHO PÚBLICO: Archivo de Derecho Público y Ciencias de la Administración: El procedimiento administrativo. Vol. IV. UCV-FCJP. Caracas, 1983, pp. 125-126; BREWER-CARÍAS, Allan R.: *Tratado de Derecho Administrativo...*Volumen IV, pp. 341-347.

[22] Véase: BREWER-CARÍAS, *Tratado...*Volumen IV, pp. 344 y 346. Más recientemente: HERNÁNDEZ GONZÁLEZ, *Lecciones...*, p. 107

[23] Cfr. TORREALBA NARVÁEZ, Luis: *La aplicabilidad de la Ley Orgánica de Procedimientos Administrativos a los Estados y Municipios*. En: INSTITUTO DE DERECHO PÚBLICO: Archivo de Derecho Público y Ciencias de la Administración: El procedimiento administrativo. Vol. IV. UCV-FCJP. Caracas, 1983, pp. 265-273; URDANETA TROCONIS, Gustavo: *En torno a la aplicabilidad de la Ley Orgánica de Procedimientos Administrativos a los Estados y a los Municipios*. En: INSTITUTO DE DERECHO PÚBLICO: Archivo de Derecho Público y Ciencias de la Administración: El procedimiento administrativo. Vol. VII. UCV-FCJP. Caracas, 1983, pp. 275-287; BREWER-CARÍAS, Allan R.: *Tratado...*Volumen IV, 2013, p. 346. Más recientemente: URDANETA TROCONIS, Gustavo: *Del origen de la Ley Orgánica de Procedimientos Administrativos.*

Décadas después, el tema, sin haber perdido del todo la relevancia, no suscita las polémicas originales. En parte, quizá, porque la autonomía normativa de los entes político-territoriales ha dejado de ser tan importante en este asunto (lo es mucho más la autonomía tributaria, por ejemplo). Y, también porque un sector de la doctrina ha señalado que esa autonomía en modo alguno impide que exista una ley general que establezca las bases sobre el tema[24]. Y es que hay que recordar que la materia de procedimientos es, y ha sido tradicionalmente, de reserva legal nacional en nuestras Constituciones (las más recientes, artículos 136.24 de la Constitución de 1961 y 156.32 de la de 1999).

A ello se agrega que la LOPA es una ley marco o general, que difícilmente impide que las Administraciones Públicas adecuen sus disposiciones a sus realidades organizativas, institucionales y prácticas.

Así pues, el riesgo a vulnerar la autonomía estadal o municipal no se dio, o si lo hizo, no produjo los efectos que se advertían. Existen actualmente leyes de procedimientos administrativos estadales y municipales, en cuyo caso, la LOPA regulará los supuestos no previstos en ellas. Y ante la inexistencia de tales leyes, pues la ley nacional se aplicará por entero, cuidando el operador jurídico de adaptar sus disposiciones a las realidades estadales y locales.

En cuanto a los órganos con relevancia constitucional, el texto de la LOPA luce insuficiente incluso para su época, pues ya para entonces había otras Administraciones Públicas independientes u órganos con autonomía funcional distintos a la Contraloría General de la República y el Ministerio Público[25]. De allí que se debió

Seminario: 40 años de la Ley Orgánica de Procedimientos Administrativos. Anuario de la Asociación Venezolana de Derecho Administrativo (AVEDA) año 2021. Caracas, 2023, p. 107.

24 HERNÁNDEZ G., *Lecciones...* p. 121. En contra: URDANETA TROCONIS, *Del origen...*, pp. 104-105.

25 Así lo señala BREWER-CARÍAS, *Tratado...*Volumen IV, p. 345.

haber hecho una enumeración más completa o una referencia genérica, y no la solución intermedia que terminó aprobándose[26].

En todo caso, hoy parece estar fuera de toda duda que cualquier Administración Pública, sea nacional, estadal o municipal, se rige por la LOPA de manera supletoria, en aquellos casos en que tiene autonomía organizativa y funcional, incluyendo la de establecer el régimen de sus procedimientos administrativos[27].

De tal manera que, por diversos caminos, el cambio de redacción terminó siendo interpretado de forma similar a la propuesta original del Proyecto de 1965.

2. Derecho de petición

La regulación de los artículos 2 y 3 LOPA apenas difiere del texto del Proyecto de 1965, y con una redacción distinta, aporta soluciones similares a la de la LPA, salvo que esta última se refiere expresamente a las llamadas "peticiones graciables" (Art. 70.3), frente a las que no se exigía respuesta sino acuse de recibo. Habiéndose consagrado en el artículo 51 de la Constitución de 1999 el derecho a obtener adecuada y oportuna respuesta, ni esa regulación de la LPA, ni la doctrina que la aceptaba, luce admisible en el actual caso venezolano[28].

---

26 Véase también sobre el ámbito de aplicación de la LOPA, entre otros: ARAUJO-JUÁREZ, *Derecho Administrativo General. Procedimiento y recurso administrativo...*, pp. 145-162.

27 ARAUJO-JUÁREZ, *Derecho Administrativo General. Procedimiento y recurso administrativo...*, pp. 158-160; RONDÓN DE SANSÓ, *Estudio preliminar...*, pp. 60-61; BREWER-CARÍAS, *Tratado...Volumen IV*, pp. 346-347, quien señala que las dudas sobre la constitucionalidad de la aplicación directa de la LOPA a los Estados y Municipios carecen de base a partir de la Constitución de 1999 dado que esta no regula con especial énfasis la autonomía de las entidades político-territoriales, y que, en todo caso, era una ley especialmente necesaria justo en esos ámbitos territoriales.

28 Cfr. BELANDRIA GARCÍA, José Rafael: *El derecho de petición en España y Venezuela*. FUNEDA. Caracas, 2013, pp. 359 y 372.

3. Silencio administrativo negativo

Probablemente la consagración de la cláusula general del artículo 4 –silencio administrativo negativo– es uno de los preceptos que más debate doctrinario y jurisprudencial dio y sigue dando. Se trata de una disposición relativamente original de la LOPA que no encuentra antecedente específico en el Proyecto de 1965, toda vez que el último consagra el silencio administrativo negativo únicamente en el procedimiento administrativo ordinario así como en vía de recurso. Y si se acude a la LPA, esta sí regula la figura de manera más amplia, pero con condicionantes distintas (denuncia de mora y denegación presunta), propias de la tradición normativa española.

De modo pues, que nuestra LOPA se inspira solo parcialmente en el antecedente hispánico, al prever en una cláusula general el supuesto de hecho de la inactividad administrativa formal y atribuirle como consecuencia jurídica el silencio administrativo negativo, pero de forma más simple y de pleno derecho, que es lo que lo caracteriza a nuestra ley. Solución esta de apartarse del precedente normativo que luce idónea, habida cuenta de que el régimen del silencio administrativo negativo ha sido reiteradamente modificado en la legislación española por los problemas que ha aparejado su instrumentación práctica en cuanto a, entre otros, la llamada "certificación de acto presunto"[29].

Como se refiere más adelante, la doctrina ha estudiado con cierta profusión el artículo 4 de la LOPA, sus antecedentes, naturaleza y efectos, por lo que bastarán aquí unos breves comentarios adicionales sobre su regulación específica en materia de recursos administrativos.

En ese sentido, en el Proyecto de 1965 el silencio administrativo estaba regulado, en lo que se refiere a las solicitudes que se tramitan en procedimientos administrativos de primer grado, en el artí-

---

29 Véase por todos: GARCÍA DE ENTERRÍA, Eduardo y Tomás Ramón FERNÁNDEZ: *Curso de Derecho Administrativo –I–*. Vigésima edición. Civitas-Thomson Reuters. Pamplona-España, 2022, pp. 643-660.

culo 70. Y en lo que respecta a los procedimientos administrativos de segundo grado, específicamente los recursos administrativos, en los artículos 106 y 110.

Los equivalentes de tales preceptos se encuentran en la LOPA en los artículos 4, 92 y 93. En el caso del silencio administrativo negativo en la sustanciación de los recursos de reconsideración y jerárquico, aunque la redacción de los preceptos no es la misma, los efectos son relativamente similares. Interpuestos los recursos y habiendo transcurrido los correspondientes plazos para decidir sin que haya pronunciamiento, se entienden denegados y queda abierta la vía jurisdiccional contencioso-administrativa.

No obstante, el Proyecto de 1965 explicitaba que, al dictarse una resolución definitiva, debía ir acompañada de la correspondiente notificación al interesado dentro del lapso legal, en el caso del recurso jerárquico, en su artículo 106. Lo mismo hacía el artículo 110 eiusdem respecto al recurso de reconsideración.

En cambio, los artículo 92 y 93 de la LOPA no resultan tan explícitos, pues se limitan a señalar, dentro de las hipótesis para poder acudir a la vía judicial, que haya transcurrido el plazo para decidir (artículo 92) o que no se haya producido la decisión respecto a los recursos administrativos en los correspondientes plazos (artículo 93), lo que en realidad es la misma hipótesis redactada de forma distinta. Y además, no aluden a la notificación del acto como requisito que debe cumplirse en los plazos para decidir.

La redacción de las normas actuales podría dar a entender que bastaría con que el acto se dicte oportunamente para que no opere el silencio administrativo negativo, más allá de que la decisión expresa solo producirá los otros efectos que correspondan una vez sea notificada o publicada según el caso. Ello, en atención a la regla de que es el cumplimiento de la exigencia de publicidad la que da eficacia al acto administrativo[30]. Es un punto que podría haber generado controversia.

La otra diferenciación en este asunto, más relevante como se adelantó, entre el Proyecto de 1965 y la LOPA, se encuentra en la regulación general del silencio administrativo.

En efecto, el artículo 70 del Proyecto, ubicado en la sección cuarta: terminación del procedimiento, del Capítulo I del Título III, del procedimiento administrativo ordinario, dispone que si la Administración Pública no resolviere las solicitudes formuladas por los particulares dentro de los plazos y prórrogas legales, tales peticiones se entenderán negadas y el interesado podrá ejercer los recursos pertinentes.

El equivalente –pero mucho más general– a esta norma se encuentra en el artículo 4 de la LOPA, que establece que, en la hipótesis de que la Administración Pública no resuelva un asunto o recurso dentro de los correspondientes lapsos, se considerará que ha resuelto negativamente y el interesado podrá intentar el recurso inmediato siguiente, salvo disposición expresa en contrario.

Aunque la redacción no es idéntica, a nuestro modo de ver el sentido de ambos preceptos es hasta cierto punto similar. A saber, ante la inactividad administrativa formal, se considera, únicamente en lo que se refiere a que se puedan intentar las vías impugnatorias administrativas o judiciales, que el órgano administrativo que incurre en ella al dejar de pronunciarse respecto a una solicitud dentro de los plazos legales, dio una respuesta negativa.

---

30 Para el caso español, se señala que la demora en la notificación de una decisión expresa produciría –en puridad y más allá de las matizaciones jurisprudenciales– la producción de los efectos propios del silencio administrativo negativo (Cfr. BOCANEGRA SIERRA, Raúl: *Lecciones sobre el acto administrativo*. Civitas Ediciones S.L. Madrid, 2002, p. 114).

Pero, se insiste, estrictamente a los efectos procedimentales y procesales, por lo que el silencio administrativo se concibe como una ficción a tales fines, y debe ser entendido como una garantía para el particular. Así lo ha entendido la jurisprudencia y la doctrina[31], aunque siempre hay asuntos que generan controversia o que son susceptibles de replanteamiento y revisión.

La discrepancia importante entre ambos textos es que la ubicación de la norma en el Proyecto de 1965, sobre la base del elemento topográfico, da a entender que ese silencio administrativo negativo solo es aplicable en el ámbito del procedimiento administrativo ordinario, mientras que el silencio administrativo en la LOPA, al estar el artículo 4 situado en el Capítulo I del Título I (Disposiciones generales), apunta a que tiene un ámbito de aplicación más extenso. Así por ejemplo, en el caso de las solicitudes que no requieren sustanciación a que se refiere el artículo 5 eiusdem, precepto que no encuentra antecedente en el Proyecto. Y quizá ese ámbito de aplicación más extenso ha originado en parte las discusiones respecto a la utilidad del silencio administrativo en algunos tipos de procedimientos administrativos[32].

---

31 Véase TORREALBA SÁNCHEZ, Miguel Ángel: *Manual de Contencioso Administrativo (Parte General)*. Segunda edición. Editorial Texto. Caracas, 2007, pp. 186-194, así como la bibliografía allí citada. También: ARAUJO-JUÁREZ, *Derecho Administrativo General. Procedimiento y recurso...*, pp. 454-467.

32 Véanse, entre otros: ORTIZ ÁLVAREZ, Luis A.: *El silencio administrativo en el Derecho Venezolano*. Editorial Sherwood. Caracas, 2000, pp. 82-95; UROSA MAGGI, Daniela y José Ignacio Hernández G.: *Vicisitudes del silencio administrativo de efectos negativos en el Derecho venezolano*. En: Temas de Derecho Constitucional y Administrativo. Libro homenaje a Josefina Calcaño de Temeltas. FUNEDA. Caracas, 2010, pp. 719-746; UROSA MAGGI, Daniela: *Propuestas para la reforma de la Ley Orgánica de Procedimientos Administrativos: replanteamiento de las normas reguladoras del llamado silencio administrativo*. Boletín Electrónico de Derecho Administrativo de la Universidad Católica Andrés Bello. Número Especial II Jornadas de Derecho Administrativo "José Araujo Juárez". Caracas, 2017, pp. 119-124. http://w2.ucab.edu.ve/tl_files/POSTGRADO/Publicaciones/Boletin%20Derecho%20Administrativo/009%20-%20Silencio%20administrativo...%20Urosa%20BEDA%20ESPECIAL%20

4. Responsabilidad disciplinaria y patrimonial del funcionario

Si bien tanto el Proyecto de 1965 como la LPA refieren la responsabilidad disciplinaria de los funcionarios por actuaciones negligentes, la LOPA enfatiza este aspecto en el parágrafo único de su artículo 4, al señalar no solo que la configuración del silencio administrativo negativo no releva a los funcionarios de su deber de decidir sino que apareja responsabilidades disciplinarias. A ello cabe agregar el artículo 6, norma no prevista en el Proyecto de 1965, que consagra expresamente la responsabilidad patrimonial del funcionario si su mora o retardo en el cumplimiento de sus deberes causa un daño a la Administración Pública.

5. Plazo para resolver asuntos que no requiera sustanciación

Otra previsión original de la LOPA es la contenida en el artículo 5, norma de aplicación general. Allí se dispone que, en ausencia de norma legal expresa, toda solicitud que no requiera sustanciación deberá ser resuelta dentro de los veinte (20) días siguientes a su

---

JAJ.pdf; ARAUJO-JUÁREZ, *Derecho Administrativo General. Procedimiento y recurso administrativo...*, pp. 454-481; TORREALBA SÁNCHEZ, Miguel Ángel: *El silencio administrativo y la sentencia Ford Motors. Su proyección actual.* En: RAMÍREZ LANDAETA, B. y M. AMPARO GRAU (Coords.): *Josefina Calcaño de Temeltas. Análisis doctrinario de su emblemática obra jurisprudencial.* FUNEDA-AVEDA-ACIENPOL. Editorial Jurídica Venezolana International. Panamá, 2024, pp. 89-110; PASCERI SCARAMUZZA, Pier Paolo: *De la sentencia "Ford Motors de Venezuela" a la insuficiente regulación actual del silencio administrativo negativo y del agotamiento de la vía administrativa.* En: RAMÍREZ LANDAETA, B. y M. AMPARO GRAU (Coords.): *Josefina Calcaño de Temeltas. Análisis doctrinario de su emblemática obra jurisprudencial.* FUNEDA-AVEDA-ACIENPOL. Editorial Jurídica Venezolana International. Panamá, 2024, pp.112-151; BRICEÑO LEÓN, Humberto: *Inconstitucional extinción y caducidad de la acción y reclamos contra el silencio administrativo. Venezuela y el Derecho Comparado. (C.S.J. Ford Motor de Venezuela):* En: RAMÍREZ LANDAETA, B. y M. AMPARO GRAU (Coords.): *Josefina Calcaño de Temeltas. Análisis doctrinario de su emblemática obra jurisprudencial.* FUNEDA-AVEDA-ACIENPOL. Editorial Jurídica Venezolana International. Panamá, 2024, pp. 143-164.

presentación o a la fecha posterior en la que el interesado hubiere cumplido los requisitos legales exigidos. Para agregarse seguidamente que el órgano administrativo debe informar al solicitante si detecta alguna omisión o incumplimiento de algún requisito dentro de los cinco días siguientes a la presentación del escrito, a los fines consiguientes.

Se trata de una inclusión afortunada en el texto vigente, pues regula un supuesto común de inactividad administrativa formal, permitiendo al interesado, ante su acaecimiento, hacer uso de la regulación general del silencio administrativo negativo. Ello, sin perjuicio de que se haga valer el reclamo a que se refiere el artículo 3 de la LOPA o las responsabilidades aludidas en el artículo 4.

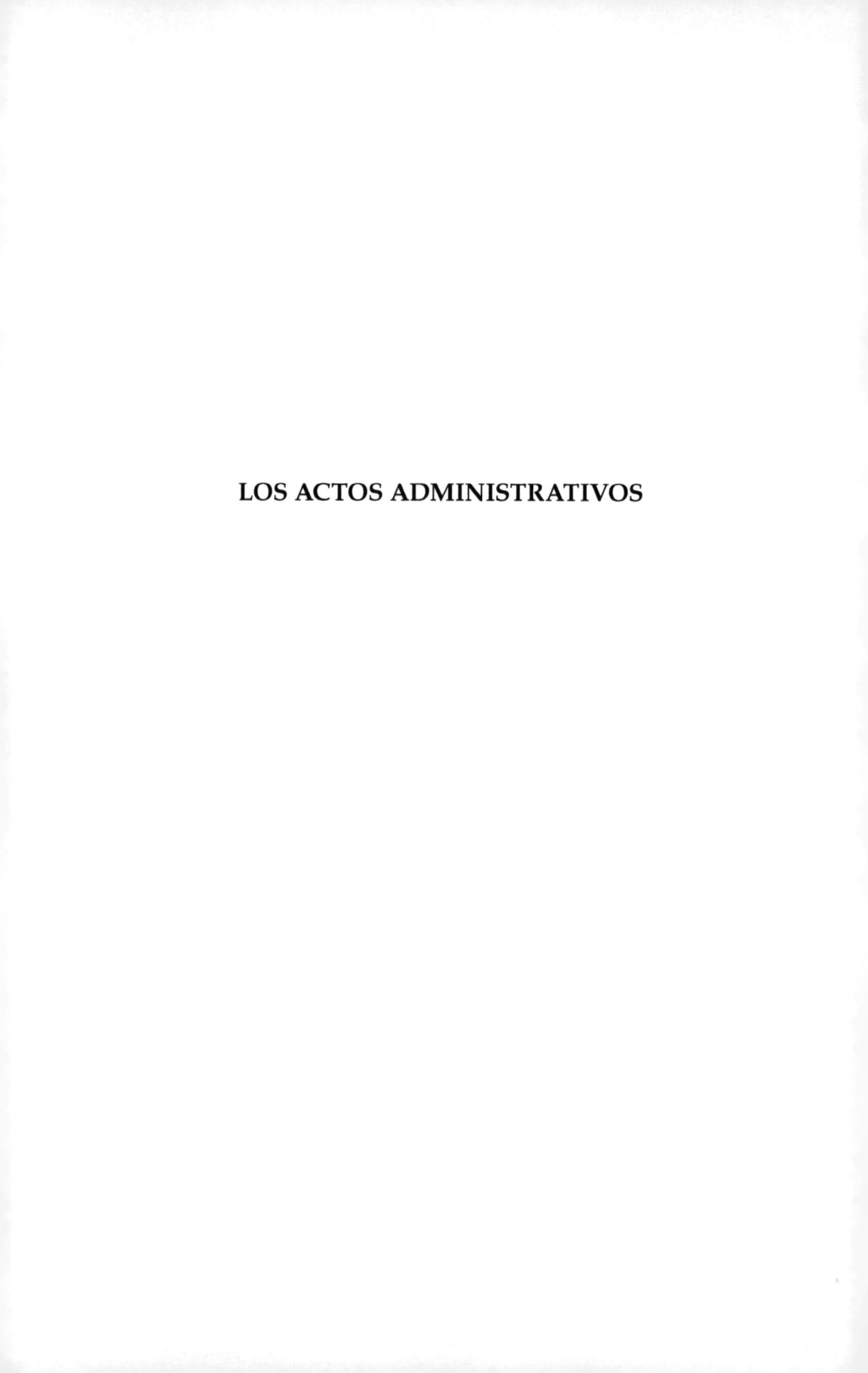

# LOS ACTOS ADMINISTRATIVOS

Si bien la LOPA inicia la regulación de los actos administrativos con su definición "...a los fines de esta Ley..." (Artículo 7), el precepto, que recibió duras críticas de la doctrina[33], no tiene precedentes ni en el Proyecto de 1965 ni en la LPA. Tampoco los requisitos específicos enumerados en el artículo 18, por lo que no serán comentados.

No obstante, hay requerimientos específicos de los actos administrativos contenidos en la misma LOPA que sí encuentran antecedentes. A saber:

1. Requisitos, caracteres y límites
1.1. Motivación

De acuerdo con el artículo 9 de la LOPA, la motivación es la regla general como requisito de los actos administrativos particulares –sobre ello se volverá–, con excepción de los de mero trámite o lo que así expresamente disponga la ley.

El precepto reproduce el artículo 13 del Proyecto de 1965 y se distancia de la LPA española, que impone una fórmula distinta, ya que en esa última la motivación solo se requiere para los actos que limiten derechos subjetivos o si así lo exige expresamente la ley para el caso concreto, o bien, si se trata de los actos que suspenden a su vez actos que han sido recurridos (artículo 43).

De tal forma que nuestra LOPA y su antecedente directo resulta más garante para el particular y más exigente para la Administración Pública al establecer como pauta general el deber de motivar los actos administrativos particulares y como excepción la ausencia de motivación. En realidad, ambas soluciones (regla-excepción o viceversa) se mantienen en la legislación procedimental administrativa iberoamericana.

---

33 BREWER-CARÍAS, Allan R.: *Tratado de Derecho Administrativo. Derecho Público en Iberoamérica. Los actos administrativos y lo contratos administrativos*. Volumen III. Civitas Thomson Reuters-Editorial Jurídica Venezolana, Madrid, 2013, pp. 138-142.

1.2. Rango sublegal

El artículo 10 de la LOPA enfatiza el carácter sublegal del acto administrativo para extraer una de sus consecuencias: este no deber regular materias de reserva legal, especialmente la creación de sanciones ni el establecimiento de impuestos o contribuciones.

La norma tiene su antecedente en el artículo 20 del Proyecto de 1965, aunque la redacción final, además de ser más precisa, añade una matización de la que carecía el precepto del Proyecto: salvo dentro de los límites determinados por la ley.

Se trata de una excepción que debe interpretarse no como la posibilidad de deslegalizar íntegramente esas materias, lo que sería inconstitucional, sino de permitir la entrada de la colaboración reglamentaria dentro de los límites que admite la complementación de las normas legales. Asunto que, sin dejar de presentar problemas teóricos y prácticos, ha sido estudiado por la doctrina[34].

1.3. Retroactividad *in bonus*

La LOPA es original en cuanto a regular la irretroactividad de los cambios de criterio, permitiendo la retroactividad en su artículo 11 pero solo *in bonus*. A nuestros efectos, dado que en el Proyecto de 1965 no hay previsión al respecto, lo que interesa es la comparación de ese artículo con el artículo 44.3 de la LPA que establece la retroactividad –también *in bonus*– pero de los actos administrativos.

El referido artículo 13 de la LOPA señala que la Administración Pública puede cambiar sus criterios, pero los nuevos no podrán aplicarse retroactivamente salvo que fueren más favorables a los administrados. Y en todo caso, esos cambios no darán derecho a revisión de los actos firmes.

---

34 Véase por todos, en materia de sanciones administrativas: NIETO GARCÍA, Alejandro: *Derecho Administrativo Sancionador*. Quinta edición. Tecnos. Madrid, 2012.

Por su parte, el artículo 44.3 de la LPA disponía que, excepcionalmente, podrá darse retroactividad a los actos que sustituyan a los anulados o si producen efectos favorables al interesado, siempre que los hechos ya existieran en la fecha en que se retrotraigan y que no se lesionen derechos o intereses legítimos.

Como puede verse, los supuestos de hecho son afines, aunque la norma venezolana es más genérica en su formulación, en tanto la regulación española es más precisa. La primera se refiere a la irretroactividad de los criterios salvo *in bonus*, mientas que la segunda alude a la retroactividad de los actos administrativos en los supuestos excepcionales en que reemplacen actos administrativos anulados o si solo producen efectos favorables para todos los involucrados. En todo caso, la LOPA se cuida de aclarar que los cambios de criterio no generan expectativas de derechos[35].

1.4. Discrecionalidad administrativa

Los artículos 14 del Proyecto de 1965 y 12 de la LOPA regulan de manera similar el ejercicio de potestades discrecionales de la Administración Pública, en una redacción acorde con el estado de la cuestión en el Derecho Administrativo venezolano de ese entonces[36].

No obstante, en el texto vigente no se mantuvo una frase de la redacción original del artículo 14. A saber, la referencia a que el ejercicio de la potestad discrecional debe estar fundada en normas, principios o apreciaciones de carácter técnico (además de

---

35 Véase al respecto, entre otros: BREWER-CARÍAS: *Tratado de Derecho Administrativo*...Volumen III, p. 548.

36 La redacción de la norma tiene su origen en el artículo 2° del Reglamento General de Alimentos de 1959 (G.O. 25.864 del 16/01/59), según señala BREWER-CARÍAS, *40 años...*, lo que se comprueba al leer el trabajo del mismo autor: *Los límites del poder discrecional de las autoridades administrativas*. Revista de la Facultad de Derecho Núm. 2. UCAB, Caracas, 1965-66, p. 29. Disponible en línea: http://allanbrewer carias.com/wp-content/uploads/2007/08/30.-II.4.30-LOS-LIMITES-AL-PODER-DISC..pdf.

basarse en el resto de las variables que sí se mantuvieron en el texto final del que resultó el artículo 12)[37].

Llama la atención esa supresión, porque la frase contribuía a delimitar mejor el margen de apreciación de la Administración Pública ante una relativa habilitación legal. Hoy en día podría pensarse quizá que la intención fue la de distinguir las variables técnicas, que no son propiamente discrecionalidad, y de allí el rechazo de la mayoría de la doctrina a la "discrecionalidad técnica". Pero hay dos obstáculos para sostener esa tesis interpretativa. El primero, el contexto histórico, en el sentido de que la depuración de los elementos reglados de la actividad administrativa, incluyendo la variable técnica, no estaba tan consolidada en la doctrina nacional de entonces[38].

El segundo, quizá de mayor peso, estriba en el hecho de que el precepto se mantuvo bastante similar en lo que se refiere al resto

---

[37] La norma vigente, a saber, el artículo 12 de la LOPA, tiene la siguiente redacción: "Aun cuando una disposición legal o reglamentaria deje alguna medida o providencia a juicio de la autoridad competente, dicha medida o providencia deberá mantener la debida proporcionalidad y adecuación con el supuesto de hecho y con los fines de la norma, y cumplir los trámites, requisitos y formalidades necesarios para su validez y eficacia".

[38] Véanse por ejemplo: HERNÁNDEZ RON, José Manuel: *La potestad administrativa discrecional y su ejercicio en el campo del derecho público venezolano*. Discurso de incorporación a la Academia de Ciencias Políticas y Sociales. Boletín de la Academia de Ciencias Políticas y Sociales Vol. 7, No. 1-2. Caracas, 1942, pp. 2-37. Disponible en línea: https://aveda.org.ve/la-potestad-administrativa-discrecional-y-su-ejercicio-en-el-campo-del-derecho-publico-venezolano/. Este autor incluye en la discrecionalidad a lo que hoy se consideraría "discrecionalidad técnica" (Ibídem, p. 15). Por su parte, BREWER-CARÍAS, *Los límites del poder discrecional...*, pp. 29-30, entendía que la discrecionalidad técnica era judicialmente incontrolable, invocando al efecto la jurisprudencia venezolana y un sector de la doctrina española de la época. Por último, Eloy LARES MARTÍNEZ no aborda el asunto de la discrecionalidad técnica en las diversas ediciones de su *Manual de Derecho Administrativo*.

de la redacción original. Esta última alude, tanto a la adecuación al supuesto de hecho como a los fines de la norma, en tanto variables que delimitan el ejercicio de potestades discrecionales. Y hoy en día la doctrina mayoritaria acota que, en estricto rigor, tales elementos no se integran en la discrecionalidad. Antes, al contrario, constituyen parte de los elementos reglados de la actividad administrativa, que requieren de ser desbrozados en el caso concreto para determinar si realmente existe ese verdadero núcleo de relativa libertad de elección para la Administración Pública, entre varias opciones[39]. Que es lo que constituye la verdadera discrecionalidad, en términos simples.

Por tanto, no parece que haya sido un manejo más depurado de los conceptos dogmáticos en ese tema la causa de la ya mencionada supresión de lo que contenía el texto de 1965 respecto al de 1981. Y ello parece corroborarse si se considera, además, el añadido posterior. A saber, la alusión al cumplimiento de los trámites, formalidades y requisitos necesarios para que el acto administrativo adquiera validez y eficacia, que fue el agregado que tiene la redacción en el precepto vigente respecto al texto que le sirvió de base. Frase que poco tiene que ver con la discrecionalidad, puesto que se refiere claramente a elementos reglados del acto administrativo.

---

39 Véanse, por ejemplo: PEÑA SOLÍS, José: *Manual de Derecho Administrativo*. Volumen I. CIDEP. Caracas, 2021, pp. 610-623; ARAUJO-JUÁREZ, José: *Derecho Administrativo. Parte general*. Ediciones Paredes. Caracas, 2007, pp. 114-119; TORREALBA SÁNCHEZ, Miguel Ángel: *Las potestades discrecionales de la Administración y su control judicial. Panorama actual en la doctrina Hispanoamericana*. Revista Venezolana de Legislación y Jurisprudencia N° 7-II, homenaje a José Peña Solís. Caracas, 2016, pp. 335-371. http://rvlj.com.ve/wp-content/uploads/2016/12/pp.-335-372-TORREALBA-SANCHEZ.pdf, así como la bibliografía allí citada. Más recientemente: ARAUJO-JUÁREZ, José: *Tratado de Derecho Administrativo General y Comparado. Volumen I: Fundamentos.* **Fuentes del Derecho**. CIDEP. Caracas, 2024, pp. 204-212; y con un diverso enfoque: MUCI BORJAS, *José Antonio: Discrecionalidad administrativa y arbitrio juridicial*. UCAB-ACIENPOL-EJV. Caracas, 2024.

De hecho, esa parte final del precepto luce superflua y quizá incluso innecesaria, por cuanto cualquier acto administrativo, con elementos discrecionales o no, debe cumplir tales exigencias. Por ende, lo anterior permite sostener que la inclusión de esa parte parece, además, restarle precisión a la redacción original.

En conclusión, no parecen encontrarse razones de peso para justificar el cambio de redacción del precepto, tanto en lo que concierne a la supresión como a la adición de frases.

1.4. Jerarquía, denominaciones y clasificación
Las diferencias entre los artículos 13 al 17 de la LOPA respecto a los artículos 6 al 11 del Proyecto de 1965 son básicamente de forma y no ameritan de especial atención.

2. Nulidades y efectos[40]
La LOPA se aparta en algunos aspectos del texto del Proyecto de 1965 en este tema de las nulidades y sus efectos. Consagra una lista taxativa de supuestos que aparejan la nulidad absoluta o de pleno derecho, y de resto, los vicios serán de nulidad relativa o anulabilidad. Y a su vez, como señala el coautor del Proyecto, en

---

40 Sobre este asunto puede verse en la doctrina nacional, además de la bibliografía ya citada, entre otros: MEIER, Henrique: *Teoría de las nulidades en el Derecho Administrativo*. Segunda edición. Editorial Jurídica Alva, S.R.L. Caracas, 2001; ARAUJO-JUÁREZ, José: *La nulidad del acto administrativo*. Ediciones Paredes. Caracas, s/f; ARAUJO-JUÁREZ, José: *Teoría de las nulidades del acto administrativo*. Revista de la Asociación Internacional de Derecho Administrativo Núm. 6. México, 2009, pp. 13-42. Disponible en línea: https://revistas-colaboracion.juridicas.unam.mx/index.php/opera-prima-derecho-admin/article/view/1409/1310; HERNÁNDEZ-MENDIBLE, Víctor Rafael: *Estudio jurisprudencial...*, pp. 99-191; AA.VV.: *V Jornadas Internacionales de Derecho Administrativo "Allan Randolph Brewer-Carías". Los requisitos y vicios de los actos administrativos*. Caracas, 2000; LEAL WILHELM, Salvador: *Teoría del acto administrativo*. Editores Vadell Hermanos.

este asunto este último se inspiró parcialmente en la regulación española entonces vigente[41].

Centrémonos en esas variaciones a continuación:

2.1. Causas de nulidad absoluta

La lista de causas de nulidad de pleno derecho de los actos administrativos del artículo 19 de la LOPA es casi igual a la del artículo 15 del Proyecto. En ese sentido, en la nulidad textual (artículo 19.1°), el precepto vigente no incluyó la referencia del parágrafo único del 15.1° del Proyecto, que señalaba que los otros vicios contemplados en esa misma ley o en la que regulara la jurisdicción contencioso-administrativa determinarían la nulidad relativa o anulabilidad. No obstante, lo fundamental de esa disposición se recoge en otros términos en el artículo 20 de la LOPA.

Caracas-Valencia, 1997; PELLEGRINO PACERA, Cosimina G.: *Motivos de impugnación de los actos administrativos y la jurisprudencia de la Sala Político-Administrativa (Una revisión jurisprudencial a la luz de la Ley Orgánica de la Jurisdicción Contencioso Administrativa)*. FUNEDA. Caracas, 2018; HERNÁNDEZ GONZÁLEZ, José Ignacio: *Algunas notas sobre los requisitos de validez de los actos administrativos*. En: Actualización en procedimiento administrativo. FUNEDA. Caracas, 2007, pp. 41-93; URDANETA TROCONIS, Gustavo: *Los motivos de impugnación en la jurisprudencia contencioso-administrativa venezolana en las últimas tres décadas*. En: Libro Homenaje al Profesor Luis Henrique Farías Mata. Colegio de Abogados del Estado Lara. Librería J. Rincón. Instituto de Estudios Jurídicos del Estado Lara. Barquisimeto, 2006, pp.109-216; BALASSO TEJERA, Caterina: *Jurisprudencia sobre los actos administrativos (1980-1993)*. EJV. Caracas, 1998; LINARES BENZO, Gustavo: *¿Incluso por desviación de poder? Los elementos del acto administrativo y sus mitos*. Revista Electrónica de Derecho Administrativo venezolano Núm. 15. UMA. Caracas, 2018, pp. 345-380; ARAUJO-JUÁREZ, José: *Tratado de Derecho Administrativo General y Comparado. Volumen 3: Acto administrativo*. CIDEP. Caracas, 2024, pp. 227-345. Es especialmente útil a estos efectos revisar también a: FERNÁNDEZ, Tomás Ramón: *La nulidad de los actos administrativos*. 2° edición. Editorial Jurídica Venezolana. Caracas, 1987, entre otras causas, dado que estudia el régimen de la LPA.

41 BREWER-CARÍAS, *El procedimiento...*, p. 13.

El artículo 19.2 de la LOPA solo agrega, al consagrar el vicio de violación de la llamada "cosa decidida administrativa" (o quizá mejor: la modificación de un caso definitivamente decidido), la excepción de que haya autorización legal expresa (lo que no tenía el 15.1° del Proyecto). En tal caso, se puede volver sobre un asunto ya resuelto por acto administrativo definitivo y que haya generado derechos.

Se trata de una excepción a la regla general, y esta descansa, entre otros, en los principios de seguridad jurídica y respeto a los derechos adquiridos (y también la doctrina de los actos propios: *"venire contra factum proprium non potest"*), por lo que lo más aconsejable es que tal excepción no prolifere en el derecho positivo. Y, en todo caso, es de entender que en tales hipótesis, si bien se podrá revisar una situación jurídica creada y consolidada al amparo de un acto administrativo firme, siempre deberá indemnizarse a los perjudicados[42].

En cuanto al acto cuyo contenido es de imposible o ilegal ejecución a que se refiere el artículo 19.3° de la LOPA como supuesto configurador de la nulidad absoluta, el artículo 15.3° del Proyecto de 1965 contemplaba como segunda hipótesis que su ejecución condujera a la comisión de conductas delictivas (requisito similar al contenido en artículo 47.1.b de la LPA). La solución vigente luce más idónea, por cuanto una consecuencia ilegal parece suficiente a los fines de considerar que ese efecto es de tal entidad que amerita la nulidad de pleno derecho aun cuando no se entre en el campo penal propiamente dicho.

2.2. Causas de nulidad relativa

Como es sabido, la regla del artículo 20 de la LOPA –que viene del Proyecto de 1965 y de los principios del régimen de las nulidades en el Derecho Administrativo– es la siguiente: Las causales de

---

42 Véase: BREWER-CARÍAS, Allan R.: *Tratado...*, Volumen III, pp. 557-567. Sosteniendo la imposibilidad absoluta de revocar actos administrativos firmes favorables sin que medie expropiación: ARAUJO-JUÁREZ, José: *Derecho Administrativo General. Procedimiento y recurso...*, p. 376.

nulidad absoluta o de pleno derecho están expresamente previstas en una enumeración taxativa. Los restantes vicios del acto administrativo, producto de las ausencias o fallas de los otros elementos, así como los defectos procedimentales en su configuración, solo dan lugar a la nulidad relativa o anulabilidad.

No obstante, hay una disposición que contenía dos preceptos que no quedó en el texto que alcanzó vigencia cuya supresión luce relevante. Se trata del artículo 17 del Proyecto de 1965, que consagraba expresamente dos causales de nulidad relativa del acto administrativo como consecuencia de vicios de forma y no de ausencia o defecto en los elementos esenciales del acto administrativo. A saber: la carencia total de motivación (salvo disposición legal que eximiera del deber de motivar para el caso concreto) y el vicio de forma que produjera indefensión del interesado, afectando su derecho subjetivo o interés legítimo.

El segundo supuesto es similar al contenido en el artículo 48.2 de la LPA, aunque este última lo regulaba en forma más completa, pues establecía la anulabilidad por vulneraciones a las formas procedimentales también en la hipótesis de que tal defecto de forma impidiera que el acto ostentara los elementos formales necesarios para alcanzar su propósito. Es decir, consagró el principio del logro del fin como determinante de una posible anulabilidad del acto administrativo por vulneraciones a requisitos formales[43]. Regla que puede afirmarse que ya forma parte del acervo conceptual

---

43 Sobre ello puede, verse en la doctrina nacional, entre otros: ARAUJO-JUÁREZ, José: *La teoría de la forma y el derecho fundamental de defensa ante la Administración Pública*. En: PARRA ARANGUREN, F. y A. RODRÍGUEZ GARCÍA (Edits.): *Estudios de Derecho Administrativo. Libro Homenaje Universidad Central de Venezuela. 20 años de Especialización en Derecho Administrativo* Vol. I. UCV. Caracas, 2001, pp. 53-67; HERNÁNDEZ-MENDIBLE, *Estudio jurisprudencial...*, pp. 178-182; MEIER, *Teoría de las nulidades...*, p. 439; URDANETA TROCONIS, *Los motivos de impugnación...*, pp. 183-189.

de las orientaciones del procedimiento administrativo iberoamericano y que está recogida además en múltiples ordenamientos[44].

En todo caso, la simplificación en que incurre el texto de la LOPA, al omitir cualquier referencia al vicio de forma, puede que facilite la interpretación de su régimen de nulidades. Absolutas, las taxativamente pautadas en las diversas hipótesis del artículo 19, y relativas, todas las demás, producto de los otros vicios de los actos administrativos. Pero prescinde de un importante lineamiento orientador para determinar en qué supuestos un vicio formal determina la anulabilidad de un acto administrativo y en qué casos no. Omisión que fue suplida por la jurisprudencia y doctrina que analizaron el texto legal en lo relacionado con los vicios o defectos procedimentales en el procedimiento administrativo, postulando una solución similar a la que aportaba el Proyecto de 1965 complementada con la de la LPA[45].

No sucedió lo mismo con la ausencia de motivación como expresa causal determinante de la nulidad relativa del acto administrativo. Precepto que, además de ostentar originalidad, a mi modo de ver, resulta más satisfactorio como premisa para matizar algunas de las soluciones de la teoría de las nulidades del acto administrativo aportadas por la doctrina y jurisprudencia venezolanas. Y ello, por cuanto esas últimas resultan proclives a la tolerancia ante la omisión de la motivación, así como a su convalidación[46]. Lo anterior, a pesar de que la exteriorización de los motivos o fundamentos

---

44   Cfr. BREWER-CARÍAS, Allan R.: *El procedimiento administrativo en el derecho administrativo comparado Iberoamericano (Estudio de las leyes de procedimiento administrativo)*. En: RODRÍGUEZ-ARANA, J. y J.A. MORENO MOLINA (Dirs.): Código de Leyes de Procedimiento Administrativo en Iberoamérica. Segunda edición. Editorial Jurídica Venezolana. Caracas, 2021, pp. 77-81 y 257-259.

45   Véase, entre otros: HERNÁNDEZ-MENDIBLE, *Estudio jurisprudencial...*, 117-144.

46   Véase por ejemplo, URDANETA TROCONIS, *Los motivos de impugnación...*, pp. 195-200.

del acto administrativo se conecta íntimamente, entre otras, con la garantía del Debido Proceso[47].

Pero no es esta la ocasión para profundizar en ese punto, estudiado profusamente además por la doctrina iberoamericana, sino más bien la de destacar que el mantenimiento del artículo en cuestión del Proyecto de 1965 hubiera dado mayor base en el Derecho positivo venezolano al tratamiento de los vicios de forma como causales de anulabilidad del acto administrativo. Asunto que tuvo que seguir siendo abordado desde las soluciones de la jurisprudencia y doctrina, hilvanadas y desarrolladas aún más a partir de la vigencia de la LOPA[48].

2.3. Efectos de las nulidades

Véase el apartado de los procedimientos de revisión del acto administrativo.

2.4. Principio de conservación del acto

La LOPA prevé algunas de las consecuencias propias del principio de conservación del acto administrativo[49]. Para empezar, la ya referida taxatividad de las causales de nulidad absoluta establecidas en el artículo 19 frente al *numerus apertus* de nulidades relativas a que alude el artículo 20.

---

47 Cabe tener en cuenta que: "...son los principios constitucionales de interdicción de la arbitrariedad, legalidad y juridicidad, y tutela judicial efectiva los que exigen la motivación de los actos administrativos, no como simple requisito de forma, sino como expresión de la causa del acto que permite controlarlo en relación con su fin" (RIVERO YSERN, Enrique: "Prólogo". En: FERNANDO PABLO, Marcos M.: *La motivación del acto administrativo*. Tecnos. Madrid, 1993, p. 13. Sobre los fines actuales de la motivación en el Derecho Administrativo, pueden verse las consideraciones de ese último en: *Ibídem*, pp. 29-36).

48 Para el caso de la jurisprudencia, pueden verse también los precedentes citados en BALASSO TEJERA, op. cit., pp. 738-750 y 791-795 y URDANETA TROCONIS, *Los motivos de impugnación...*, pp. 183-190.

49 Una visión general de este asunto puede verse, entre otros, en: BELADIEZ ROJO, Margarita: *Validez y eficacia de los actos administrativos*. Marcial Pons. Madrid, 1994.

Pero además, el artículo 21 dispone que, en las hipótesis de vicios nulidad relativa, si estos solo afectan a una parte del acto administrativo sin afectar al resto, ese restante mantiene su validez si es independiente del vicio. Ese precepto tiene su base, con cambios de mera forma, en el artículo 16 del Proyecto de 1965. Y la misma solución es aportada, aunque con diversa redacción, por el artículo 50.2 de la LPA

Puede que hubiera sido conveniente que la ley estableciera más lineamientos a los operadores jurídicos, como lo hizo la LPA, en cuanto a otras manifestaciones del principio de conservación del acto administrativo. Así por ejemplo, disponer que: la emisión de actos administrativos fuera de los plazos no es causal de nulidad y ni siquiera de anulabilidad salvo que la naturaleza del acto determine lo contrario (Art. 49); la invalidez del acto no implica la de los sucesivos si son independientes del primero (Art. 50.1); los actos nulos que contengan los elementos constitutivos de otro producen los efectos de éste, es decir, su conversión (artículo 51); y finalmente, la consagración expresa del principio de conservación de actos y trámites que resultaran igual de no haberse producido la infracción causante de la nulidad (artículo 52).

No obstante, quizá los redactores del Proyecto de 1965 optaron por la sobriedad normativa tomando en cuenta que los vacíos legales en el Derecho Administrativo de la época eran notables, y que una ley que regulara la actividad y el procedimiento administrativos ya era suficiente avance para entonces. Queda la duda de si para inicios de la década de los 80 esa seguía siendo la situación. Pero, en todo caso, fueron desarrollados por la jurisprudencia y doctrina nacional, sin duda con apoyo en el Derecho Comparado, comenzando por la regulación de la LPA[50].

---

50 En el caso de la jurisprudencia pueden verse, además de los trabajos doctrinarios ya citados, entre otros: BALASSO TEJERA, *Jurisprudencia sobre los actos administrativos...*, pp. 736-800; BALASSO TEJERA, Caterina: *Jurisprudencia sobre procedimiento administrativo*. EJV. Caracas, 2019, pp. 734-737.

Muy vinculado con lo tratado en este epígrafe está el tema de la subsanación y convalidación del acto administrativo. Incluso, puede sostenerse que es otra manifestación del principio de conservación de los actos administrativos. No obstante, con el fin de seguir en lo posible el esquema secuencial del articulado de la LOPA, ello será tratado en el apartado destinado al estudio de las potestades de autotutela revisora de los actos administrativos en los procedimientos administrativos de revisión del acto.

De ahí que se aborda ahora otro aspecto del acto administrativo regulado en la LOPA.

3. Régimen de publicidad
3.1. Reglas generales

Combatiendo la práctica del secretismo[51] (que ha regresado con más fuerza en todos los ámbitos del funcionamiento de los órganos del Poder Público, ahora en abierta violación de los artículos 23, 28, 49, 51, 58, 62 y 141 de la Constitución y del resto del ordenamiento jurídico), el Capítulo IV del Título III de la LOPA establece un régimen de publicidad de los actos administrativos. Este se basa en lo establecido en el Capítulo III del Título III del Proyecto de 1965, aunque se aparta de su modelo en ciertas ocasiones. En ese sentido, la regla es que los actos administrativos definitivos deben ser objeto de publicidad, así como también los de apertura de un procedimiento administrativo (sobre ello se volverá más adelante).

Para los actos administrativos de carácter general o que interesen a un número indeterminado de personas, la regla es la publicación en el respectivo órgano oficial, como pauta el artículo 72 de la LOPA. Redacción que luce más idónea que la original, puesto que el artículo 83 del Proyecto de 1965 preveía como primer supuesto que los actos pudieran ser de interés general, expresión indeterminada como pocas y susceptible de dar lugar a dudas interpretativas y equívocos innecesarios en su aplicación.

---

51 BREWER-CARÍAS, *El procedimiento administrativo en Venezuela...*, pp. 28, 63 y 64.

El mismo precepto de LOPA agrega que tal exigencia se cumplirá para los actos de carácter particular en las hipótesis en que así lo disponga una ley, y excepciona de ello en los supuestos en que se trate de actos internos de la Administración.

En lo atinente a los actos de carácter particular, el artículo 73 de la LOPA exige la notificación, que debe contener además, el texto íntegro del acto, los recursos que procedan y los plazos y órganos administrativos y judiciales competentes. El texto, aunque inspirado en el artículo 84 del Proyecto de 1965, tiene su redacción propia en lo que respecta a la exigencia de que el acto sea "de carácter particular", mientras que el Proyecto aludía a que el acto se notificará a los interesados, aunque –por argumento a contrario a la vista del artículo 83– era de concluir que se refería a los actos que afectaran a destinatarios determinados.

Ambas modalidades de publicidad, a su vez, se asemejan a la regulación del mismo asunto en los artículos 49.1, 49.2 y 79.2 de la LPA.

3.2. Efectos de la notificación defectuosa

También en el tema específico de las notificaciones de los actos administrativos se evidencia que el régimen vigente se basa en el Proyecto de 1965. Así por ejemplo, en las notificaciones defectuosas por incompletas. Ello en el sentido de que, de no cumplir la notificación con las exigencias del caso –texto íntegro de la resolución y recursos administrativos y judiciales disponibles, con indicación expresa de órganos competentes y plazos de interposición– (artículo 84 del Proyecto y 73 de la LOPA), no producen efecto, en cuanto a no otorgarle eficacia al acto.

No obstante, en ambas regulaciones hay diferencias. La principal, que en el artículo 85 del Proyecto de 1965 la notificación defectuosa resulta convalidada con el transcurso del tiempo, a saber, 15 días luego del recibo por el interesado. Mientras que, en el artículo 74 de la Ley vigente, la notificación defectuosa no producirá nunca efecto alguno en cuanto a darle eficacia al acto, pues, en principio, no hay manera de convalidarla. Esta última solución nos parece más proclive a garantizar el derecho a ser notificado que tienen los interesados, como manifestación de la garantía del Debido Proceso[52]. Y, además, obliga a los funcionarios públicos a ser más cuidadosos al momento de redactar las notificaciones[53].

Además de ello, hay otra consecuencia de la notificación defectuosa que, aunque regulada de manera similar, en el texto de la LOPA resulta de mayor diafanidad. Ello, en cuanto a que la errada información en la notificación que haya traído como consecuencia una igualmente errónea interposición de los recursos administrativos o de las demandas judiciales en cuanto a órgano competente o plazo no debe perjudicar al interesado. Lo cual, como se destacó décadas después en pronunciamientos judiciales, se relaciona también con el principio de confianza legítima[54].

En ese sentido, el artículo 86 del Proyecto de 1965 señalaba que, ante una notificación defectuosa en la indicación de la vía o plazo correspondiente, el interesado podrá interponer el recurso pertinente, en cuyo caso, su lapso de presentación iniciaría a partir de la resolución o sentencia del recurso erróneamente planteado, en

---

52 Cfr. entre otros: BREWER-CARÍAS, Allan R.: *El procedimiento administrativo en el derecho administrativo comparado...*, pp. 165-167; ARAUJO-JUÁREZ, *Tratado de Derecho Administrativo General y Comparado...*, Volumen 3, pp. 311-314.

53 No es nada inusual encontrar notificaciones administrativas defectuosas en la práctica forense venezolana. En muchos casos, por la omisión de la referencia a las vías judiciales pertinentes, con indicación del órgano competente y de los lapsos correspondientes para interponer la demanda. Asunto cuya complejidad no suele ser dominada por el funcionario, quien se limitará a señalar genéricamente que la vía judicial está disponible, incurriendo así en un defecto en la notificación.

54 Sentencia de la Sala Electoral del TSJ Núm. 98 del 08/01/01. Véanse los comentarios de: COLMAN, Edward: *La protección de la confianza legítima en el Derecho español y venezolano: Rasgos generales y aplicación a dos supuestos de la actividad administrativa*. FUNEDA. Caracas, 2011, pp. 55-60.

caso de declararse la incompetencia del órgano o la extemporaneidad del recurso.

En cambio, el artículo 77 de la LOPA establece una solución que luce más efectiva. Si sobre la base de información errónea contenida en una notificación defectuosa se hubiere incoado algún procedimiento improcedente, el tiempo transcurrido no será tomado en cuenta para determinar la caducidad de los plazos correspondientes para interponer la vía administrativa o judicial adecuada. Con lo cual, el interesado no tiene que esperar a que se dicte una resolución o sentencia definitiva desestimando su impugnación para volver a plantearla, esta vez, ante los órganos competentes y dentro de los plazos legalmente aplicables. Esa última era la solución aportada por el Proyecto.

No obstante, hay una norma del Proyecto de 1965 en este tema que consideramos que debió mantenerse. A saber, el artículo 82 *in fine*, que expresamente señala que la publicidad (notificación o publicación según el caso) del acto administrativo es requisito necesario para su eficacia. Premisa expresa que, dada su ausencia en la LOPA, debe el intérprete derivarla de una interpretación concatenada y sistemática de sus preceptos[55].

Pero, además, el referido aparte único señalaba que el conocimiento del interesado suple la falta de notificación. Conclusión lógica, dado que produce el mismo efecto que la publicidad, que no es otro que informar al interesado del acto administrativo, permitiendo el avance a las subsecuentes fases del procedimiento administrativo sobre la base de los principios de celeridad y del logro del fin. Se trata, pues, de las llamadas "notificaciones tácitas", que consisten en entender que el acto administrativo ha adquirido eficacia si el interesado ejerce adecuada y oportunamente las correspondientes defensas en sede administrativa o judicial, dado que se trata de la convalidación por actividad de parte de una omi-

---

55 En la jurisprudencia puede verse: BALASSO TEJERA, *Jurisprudencia sobre los actos administrativos...*, pp. 555-580.

sión formal que debe interpretarse a favor del particular, no en su contra[56].

3.3. Notificación impracticable

Aunque el artículo 76 de la LOPA dispone la publicación del acto administrativo ante la hipótesis de que la notificación no pueda realizarse, como lo hace también el artículo 88 del Proyecto de 1965, el parágrafo único de la primera aporta una solución distinta. Esa publicación no se hará en el órgano de divulgación oficial (Gaceta Oficial) sino en la prensa. Esa opción de la LOPA nos luce más adecuada en cuanto a su propósito práctico, que es el de procurar hacer del conocimiento de los interesados la decisión de la Administración Pública manifestada en un acto. Ello, habida cuenta de que las gacetas oficiales son leídas básicamente por abogados y funcionarios públicos.

No obstante, en ese intento de lograr la mayor publicidad posible quizá hubiera sido mejor exigir ambas publicaciones, a saber, tanto por la prensa local, regional o nacional, según el caso, como mediante la Gaceta Oficial respectiva. O incluso, agregar una tercera modalidad semejante a la regulada en el artículo 80.2 de la LPA, esto es, publicar el acto en el tablón de edictos del ayuntamiento así como en el Boletín Oficial. En nuestro medio, la publicación podría haberse hecho en alguna cartelera del Concejo Municipal u órgano similar.

4. Ejecución
4.1. Actuaciones materiales y vías de hecho

El artículo 78 de la LOPA consagra, en términos idénticos al artículo 89 del Proyecto de 1965, la prohibición para la Administración Pública de realizar actuaciones materiales que incidan desfavorablemente en los derechos de los particulares sin que ello haya sido precedido por la emisión de un acto administrativo que le dé fun-

---

56 En la jurisprudencia venezolana puede verse también: *Ibídem*, pp. 587-589 y 596-597. Véase también: ARAUJO-JUÁREZ, *Tratado de Derecho Administrativo General y Comparado...*, Volumen 3, pp. 314-316.

damento. A su vez, una norma muy similar se encuentra en el artículo 100.1 de la LPA.

Se trata de la recepción doctrinaria de la regla de que los órganos administrativos no pueden afectar con su actuar los derechos de los particulares sin la previa sustanciación de un procedimiento administrativo con arreglo a los derechos constitucionales procesales correspondientes y que haya culminado con una acto administrativo definitivo debidamente notificado al particular. De lo contrario, incurren en lo que se conoce como vía de hecho, o quizá mejor, actuaciones materiales ilegítimas[57].

El artículo 100.2 de la LPA agregaba una disposición que no se refleja ni en el Proyecto de 1965 ni en la LOPA, quizá porque se consideró implícita o bien porque su redacción no luce del todo diáfana. En efecto, este dispone que "...el órgano que ordene un acto de ejecución material estará obligado a comunicar por escrito, y a requerimiento del particular interesado, la resolución que autorice la actuación administrativa".

Ciertamente, la publicidad del acto administrativo es necesaria dada que es condición de eficacia del mismo, por lo que no basta con la emisión del acto para pasar a la actuación material lesiva de derechos sin que el particular haya tenido acceso al contenido del acto definitivo a los fines de hacer valer sus garantías procesales. Pero la referencia española a que se trata de un deber que se cumple a requerimiento del interesado resulta algo oscura. Quizá con una redacción algo distinta hubiera valido la pena enfatizar la regla, pues, justamente uno de los casos en que se produce la llamada vía de hecho se da ante la hipótesis de que la Administración Pública pase a los hechos sin que el acto jurídico que sustenta su actuación haya adquirido eficacia[58].

El punto será retomado brevemente más adelante.

57　Véase: TORREALBA SÁNCHEZ, Miguel Ángel: *La vía de hecho en Venezuela*. FUNEDA. Caracas, 2011, así como la bibliografía allí citada.
58　*Ibídem*, pp. 106-109.

4.2. Ejecutividad como principio general

El principio general de la ejecutividad o autotutela declarativa de los actos administrativos (fuerza ejecutiva sin necesidad de homologación o intervención judicial), junto con la ejecutoriedad (deber de ejecutarlos de inmediato también sin intervención judicial salvo que la propia ley o el acto dispongan otra cosa) está recogido en el artículo 8 de la LOPA.

El precepto no encuentra antecedente directo con una redacción similar en el Proyecto de 1965, pero tanto este como la LPA sí consagran la ejecutividad en términos similares en las disposiciones generales del apartado de los recursos administrativos. El primero en el artículo 90, al disponer que, dado que el carácter inmediatamente ejecutivo que tiene, la interposición de los recursos administrativos no suspende la ejecución del acto. La segunda en su artículo 44, así como la reitera al agregar validez de estos y su ejecutividad inmediata, salvo que el propio acto disponga otra cosa, en su artículo 45.1. De igual forma, la ejecutividad vuelve a ser referida en el artículo 101 de esta última.

4.3. Ejecutoriedad

Llama la atención que el Capítulo IV del Título III del Proyecto de 1965 se intitule "De la ejecutoriedad de los actos administrativos", mientras que su equivalente en la LOPA, a saber, el Capítulo V del Título III de la LOPA se identifique como "De la ejecución de los actos administrativos". La primera denominación es más técnica, pero lo cierto es que el capítulo no solo regula la ejecutoriedad como categoría de la actividad administrativa derivada de la autotutela declarativa y ejecutiva. Así pues, la posición de la ley vigente tiene justificación.

En cuanto a la ejecutoriedad propiamente dicha o autotutela ejecutiva (ejecución del acto por la propia Administración Pública salvo que la ley prevea la intervención judicial), está consagrada en el artículo 79 de la LOPA de forma muy similar a su modelo, el artículo 91 del Proyecto de 1965. No obstante, en la primera se suprimió la exigencia expresa del "...previo el correspondiente apercibimiento a los obligados...", aclaración que también se encuentra en el artículo 102 de la LPA y que no parece que sobraba o fuera redundante.

Al contrario, con ella se aclaraba que el apercibimiento (advertencia expresa de las potenciales consecuencias del incumplimiento del acto administrativo) era una exigencia ineludible y una garantía para el obligado de previo cumplimiento antes de pasar a la ejecución material del acto administrativo.

De esa manera se enfatizaba y complementaba la prohibición para la Administración Pública de ejecutar sus actos administrativos sin el cabal cumplimiento de la publicidad de estos, garantía de seguridad jurídica y posibilidad de ejercer el Debido Proceso por los particulares, por una parte, y por la otra, salvaguarda frente a la patológica vía de hecho.

4.4. Modalidades de ejecución forzosa

El artículo 80 de la LOPA prevé en sus dos apartados dos modalidades de ejecución forzosa, que, con cambios menores, se corresponden con el contenido de los dos supuestos regulados en el artículo 92 del Proyecto de 1965.

No obstante, antes de comentar ello, hay que señalar que la LOPA no recoge el aparte único del artículo 91 del mismo Proyecto, precepto que, luego de referirse a la ejecutoriedad como se vio en el epígrafe previo, señalaba como primera modalidad de ejecución forzosa la atinente a la obligación de dar cantidades de dinero u otros bienes fungibles. En tal caso, esta sería ejecutable por intermedio de la autoridad judicial, salvo las excepciones legalmente establecidas.

Se trata de una supresión relevante[59], si se toma en cuenta que establecía como regla general la competencia del Poder Judicial –y no de la Administración Pública– para el caso de entrega forzosa

---

59   Que habría sido propuesta por FARÍAS MATA, *op. cit.*, p. 294.

de bienes fungibles y no solamente de dinero. Con ello, en primer lugar, se le daba continuidad a una tradición en el derecho positivo venezolano en cuanto a que la ejecución forzosa de deudas dinerarias corresponde a los tribunales, inobservada en recientes reformas legales en materia tributaria.

Y en segundo término, se establecía un primer supuesto que condicionaba la aplicación de los siguientes, que fueron los que acogió la LOPA. Lo que implica que la entrega de bienes fungibles no era susceptible de ejecución forzada ni por la propia Administración Pública ni por terceros con cargo al patrimonio del obligado, sino que debía hacerse en vía judicial.

Habiendo aclarado esto, resta por señalar con relación a las dos hipótesis de ejecución forzada de actos administrativos regulada en el artículo 80 de la LOPA, lo siguiente:

La primera se refiere a la ejecución forzada de actos susceptibles de ejecución indirecta (la directa es por el propio obligado), en cuya hipótesis, ante la falta de cumplimiento voluntario por el destinatario, esta ejecución puede hacerla la propia Administración Pública o un tercero a costa del obligado. Es lo que pauta el artículo 80.1° de la LOPA, y con una redacción similar, su antecedente, el artículo 92.1° del Proyecto de 1965, solo que este empleó términos más técnicos, al referirse a actos no personalísimos y a la ejecución subsidiaria.

La segunda hipótesis, que es la prevista en el artículo 80.2° de la LOPA, se refiere a la ejecución forzada de actos de ejecución personal ante un obligado renuente. En tal supuesto, se procede a la aplicación de multas coercitivas sucesivas en lapsos razonables ante el incumplimiento reiterado, hasta por un monto máximo salvo que la ley disponga otra cosa. El precepto es básicamente la misma solución que aportaba el artículo 92.2° del Proyecto de 1965, con una redacción ligeramente distinta (se refiere a lapsos suficientes y no lapsos razonables) y sin establecer un monto máximo como tope general sino dejarlo a lo que disponga la ley aplicable.

Por su parte, los artículos 104, 106 y 107 de la LPA regulaban el tema de forma más detallada, bajo similares premisas. Solo añaden como modalidad de ejecución forzada la compulsión directa sobre la persona, asunto que ni el Proyecto de 1965 ni la LOPA previeron. Modélicamente, tratándose de una ley dictada en tiempos de ausencia del Estado de Derecho en España, el artículo 108 de la LPA regulaba con esmero los límites precisos de ese tipo de ejecución, siempre que así expresamente lo autorizara una ley y con respeto a la dignidad de la persona y demás derechos que correspondan.

En todo caso, y a pesar de que la regulación española se inspira en las premisas de la teoría general de las obligaciones en materia de ejecución forzada, luce comprensible que ni el proyectista ni el legislador patrio acogieran la ejecución forzosa de actos administrativos mediante la compulsión directa sobre la persona obligada. Ello, tratándose de una ejecución en sede administrativa y no judicial, dados los riesgos de otorgar una potestad cuya ejecución indebida, innecesaria o incluso poco reflexiva, podría acarrear más daños que beneficios.

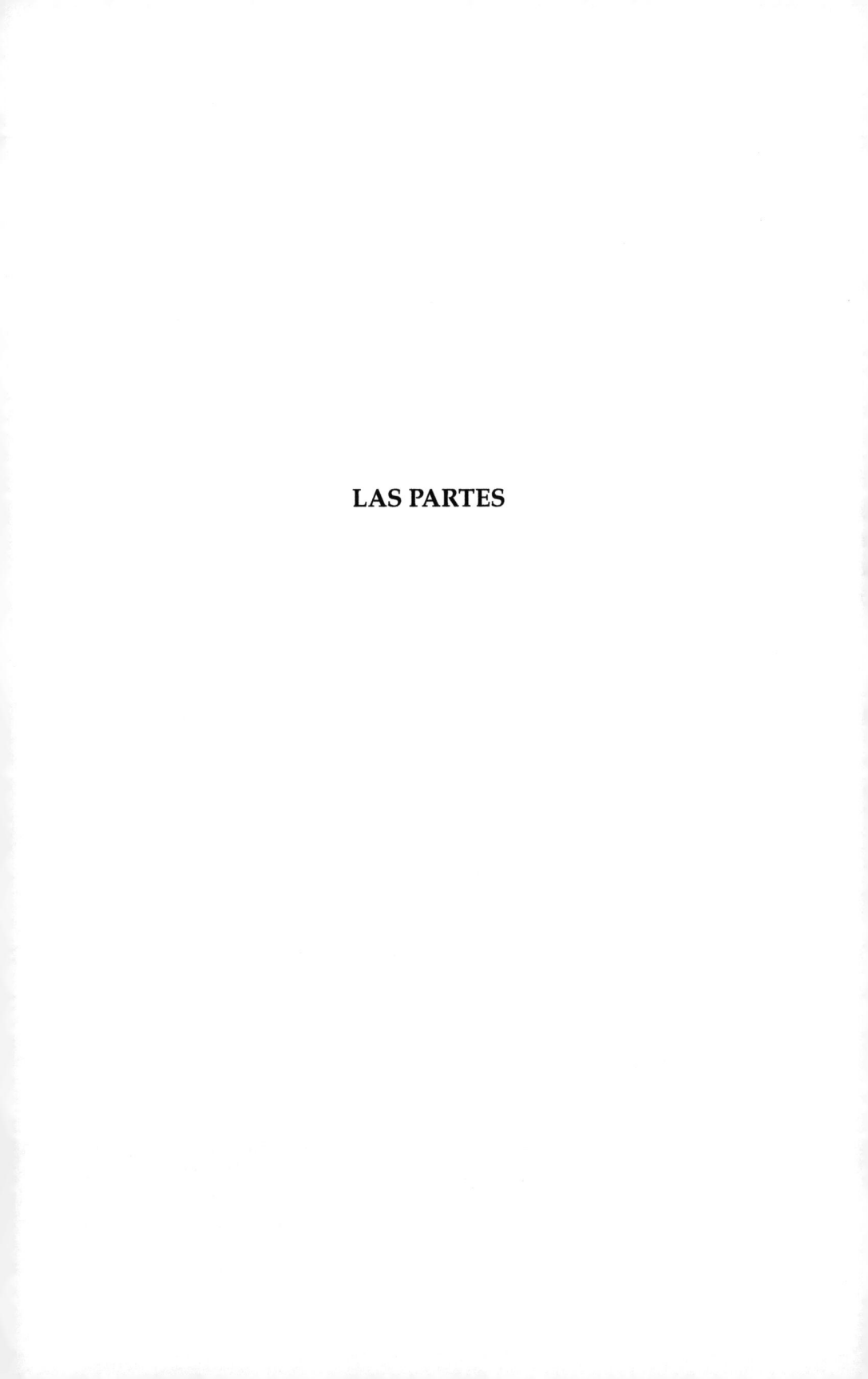

LAS PARTES

Los artículos 22 al 29 de la LOPA regulan a las partes en el procedimiento administrativo, preceptos que hubiera convenido que estuvieran agrupados en una sección aparte, y no como parte final del Capítulo II, intitulado "De los actos administrativos" del Título I de la LOPA.

Sí lo están sus equivalentes, los artículos 21 al 30 del Proyecto de 1965, en el Capítulo III intitulado "De los interesados" en el Título I de las Disposiciones Fundamentales. Sin duda pues que, al apartarse en esto la LOPA de su modelo no resultó beneficiada en cuanto a ordenación y sistematización, y por tanto, claridad.

1. Los interesados

Ahora bien, la primera y básica divergencia sustancial en el tema de las partes, los interesados y los particulares, viene entre los artículos 22 de ambos textos (LOPA y Proyecto de 1965), en la definición de "interesados". La LOPA opta por el reenvío a la entonces vigente Ley Orgánica de la Corte Suprema de Justicia (LOCSJ) y su distinción entre los "juicios de nulidad de los actos de efectos generales" de los "juicios de nulidad de los actos administrativos de efectos particulares. Específicamente, a la diversidad de legitimaciones establecida en los artículos 111 y 121 de esa ley (interés simple o interés calificado: legítimo, personal y directo) para interponer cada tipo de pretensión anulatoria según el tipo de acto, acogiendo la muy discutible clasificación de la LOCSJ[60].

---

60 Apartándonos puntualmente de nuestro propósito de limitar la comparación de la LOPA al el Proyecto de 1965 y eventualmente a la LPA, cabe señalar que tal distinción, no como reenvío sino mediante la acogida expresa de los términos y la clasificación de la LOCSJ, se produce a partir del Proyecto de LOPA de 1980, artículo 24. Ello, al igual que la eliminación del Capítulo III "De los interesados", con la reubicación de su articulado en el Capítulo II "De los actos administrativos", como quedó en el texto vigente (Cfr. INSTITUTO DE DERECHO PÚBLICO UCV, *op. cit.*, p. 422). Es de suponer que los proyectistas entendieron que había que adecuar el régimen procedimental a la entonces reciente regulación del contencioso-administrativo.

La conveniencia de haber adoptado esa distinción luce discutible al menos por tres razones[61]. En primer lugar, por varios de los argumentos que se plantearon para objetarla en la LOCSJ. Básicamente, por la escasa precisión de los términos "actos de efectos generales" y "actos de efectos particulares"[62].

En segundo término, porque tal diferenciación no se corresponde del todo con la que establecen los artículos 72 y 73 de la LOPA, que distinguen entre actos de carácter general o que interesen a un número indeterminado de personas y los de carácter particular, a los efectos de que su publicidad se realice mediante publicaciones o notificaciones personales, respectivamente. Así pues, no se mantiene la deseada coherencia terminológica a los fines de facilitar su aplicación.

Y en tercer lugar, porque la LOPA básicamente establece el régimen jurídico de los actos particulares o individuales, aunque en algunos asuntos, como justamente la publicidad, se refiere también a los actos administrativos con destinatarios indeterminados o indeterminables. Pero los procedimientos administrativos de formación y revisión de los actos administrativos que regula se destinan a los actos particulares o individuales

En otros términos, el reglamento, entendido mayoritariamente como acto administrativo normativo en nuestro medio forense, no es el objeto principal de regulación en la LOPA, aunque sí le

---

61 La solución adoptada habría sido propuesta por FARÍAS MATA, *op. cit.*, p. 292, para evitar problemas de congruencia entre el acceso al procedimiento administrativo como paso previo al contencioso-administrativo.

62 Tal clasificación puede entenderse, al menos, como actos normativos o no normativos o actos con destinatarios indeterminados o indeterminables o determinados y determinables, calificaciones que no siempre coinciden. Véase: TORREALBA SÁNCHEZ, *Manual de Contencioso Administrativo...*, pp. 131-145, así como la bibliografía allí citada.

son aplicables algunos de sus principios y reglas[63]. Este vacío, justamente fue el que en parte vino a llenar la Ley Orgánica de la Administración Pública, al regular el procedimiento de emisión de actos normativos.

Así pues, esa clasificación de los actos según sus efectos generales o particulares, que un sector de la doctrina identifica como actos normativos o no, distinguiendo así la LOCSJ el régimen de impugnación judicial de los reglamentos respecto al de los actos administrativos particulares o no normativos, no viene muy al caso tratándose de la LOPA.

En resumen, cabe preguntarse si el reenvío a la LOCSJ fue la mejor opción posible. Sobre todo porque su antecedente inmediato, el artículo 22 del Proyecto de 1965, aportaba una satisfactoria definición legal de quiénes se consideran interesados, al conceptuarlos como:

> "Las personas que formulen a una autoridad administrativa una petición o recurso y aquellas otras a las que pueda dirigirse una determinada actividad de la administración (...) siempre y cuando sean titulares de un derecho subjetivo o de un interés legítimo, personal y directo que puedan resultar afectados por la resolución administrativa".

Definición que, es completada en el artículo siguiente (que sí se mantuvo en el artículo 23 de la LOPA), al disponer que también son interesados –aun no habiendo iniciado el procedimiento– si ostentan tales titularidades, lo que permite identificar sin mayores problemas interpretativos a los legitimados en el procedimiento administrativo.

---

63 También serían aplicables, por ejemplo, a los llamados "actos administrativos de efectos generales" los principios de la actividad administrativa o la clasificación y límites de regulación de los actos administrativos contenidos en la LOPA.

En su lugar, se adoptó la problemática –y poco aplicable– distinción entre interés simple y calificado en la LOCSJ, que, además, respondía parcialmente a la situación preexistente en el contencioso-administrativo en lo atinente a las competencias de control de la constitucionalidad y contencioso-administrativas. Distinción que, como ya se destacó, poco aportaba a los procedimientos administrativos de primero o segundo grado destinados a regular los actos administrativos individuales o particulares.

En todo caso la aplicación de la LOPA se orientó básicamente por entender legitimados tanto al derechohabiente como al interesado legítimo, personal y directo. Es decir, más por lo pautado por el Proyecto de 1965 que por la regulación vigente. Se trató de una afortunada solución de los operadores jurídicos, que circunscribieron la distinción de la legitimación que establecía la LOCSJ al ámbito judicial.

Ya para finalizar el tema de la legitimación, hay una consecuencia del cambio que se produjo en el texto de la LOPA que sí fue favorable. Y es que, con el reenvío que ese instrumento legal hizo a la LOCSJ, esta última derogada por la Ley Orgánica del Tribunal Supremo de Justicia de 2004, que a su vez lo fue por la Ley Orgánica de la Jurisdicción Contencioso Administrativa, el único concepto imperante de interés -como categoría que otorga la legitimación o cualidad procesal- aplicable tanto a la sede administrativa como a la judicial, es el del artículo 29 de ese último instrumento legal. Es decir, el "interés jurídico actual", que termina siendo básicamente el tradicional interés legítimo[64]. Interés legítimo que, además, a los fines adjetivos engloba al derecho subjetivo en tanto ese último es una situación jurídica que habilita aún más a su titular para hacer valer su defensa ante el Poder Público.

---

[64] Véase: TORREALBA SÁNCHEZ, Miguel Ángel: *Problemas fundamentales del contencioso administrativo venezolano en la actualidad*. FUNEDA. Caracas, 2013, pp. 83-91, así como la bibliografía allí citada.

2. Mandato de representación

Seguidamente, la LOPA mantiene, con cambios menores, la regulación de la capacidad jurídica y la representación que establecía el Proyecto de 1965, reenviando a la legislación civil. No obstante, su artículo 26 se aparta de su antecedente. En efecto, el artículo 26, pero del Proyecto de 1965, exigía que el poder para representar en el procedimiento administrativo se otorgase mediante documento público o autenticado. Es decir, su presentación ante la autoridad competente para dar fe pública, mientras que su equivalente en la LOPA permite también su constitución "...por simple designación en la petición o recurso..." ante la propia Administración Pública.

Es decir, el mandato de representación puede conferirse directamente, y sin mayor formalidad, conjuntamente con la presentación del escrito contentivo de la petición o recurso correspondiente. Cabe entender, en virtud de los principios de formalismo moderado, celeridad y eficacia, que ello puede acaecer con posterioridad al inicio del procedimiento, en cuyo caso bastará también la consignación de la correspondiente actuación ante la dependencia en la que se está sustanciando el mismo.

3. Deber de suministrar información a la Administración Pública

Seguidamente, el artículo 28 de la LOPA recoge, aunque con una redacción más escueta, parte del artículo 28 del Proyecto de 1965 en lo que se refiere al deber que tienen los particulares de suministrar información a la Administración Pública. No obstante, hay una modificación trascendente. De acuerdo con el precepto de la LOPA, el surgimiento de tal deber queda sometido a las condiciones de que la petición se haga por escrito y la información sea necesaria para tomar la decisión correspondiente.

En cambio, en el artículo 28 del Proyecto tales peticiones procedían: "...siempre y cuando vengan establecidas por ley o por las disposiciones administrativas que en ejecución de las mismas puedan dictarse". Y el condicionamiento es importante, porque enfatiza la sujeción a Derecho de esta potestad inquisitiva de la

Administración Pública que incide sobre los particulares. De tal suerte que la información que podía solicitar a las personas y que estas tenían el deber de suministrarle habría de tener como fuente una ley o una norma reglamentaria que habilitara tal petición.

El cambio de la LOPA amplió sustancialmente la potestad inquisitiva de la Administración Pública en este asunto, justificándola en un término jurídico indeterminado, como lo es la "necesidad" de la información en el caso concreto, asunto por tanto sujeto a amplia discusión y a control judicial usualmente *ex post*.

En cambio, en el Proyecto de 1965, la ponderación de los diversos bienes jurídicos en juego (*v.g.* conveniencia de que la Administración Pública adopte sus decisiones sobre la base de la mayor y mejor información disponible *versus* el derecho a la intimidad, la protección de datos, el interés superior del menor, la confidencialidad en ciertos ámbitos privados, etc.) le correspondía hacerlo al legislador o en todo caso al reglamentista. Es decir, se trataba de una decisión normativa, y por tanto, general y abstracta.

Por supuesto que la aplicación de tal regulación siempre queda a la decisión de la Administración Pública, quien termina de realizar la ponderación al valorar el encuadramiento de los supuestos concretos en las hipótesis normativas. Pero esa decisión, de acuerdo con el Proyecto, no respondía al mero arbitrio del funcionario sino que se sujetaba a parámetros cuya vulneración resultaba más fácil de control administrativo o judicial.

4. Deber de comparecer ante la Administración Pública

Similar deferencia para con la Administración Pública la tiene el artículo siguiente, el 29 de la LOPA, si se le compara con su antecedente directo, el mismo artículo pero del Proyecto de 1965. Ambos regulan el deber de los particulares de comparecer ante la Administración Pública en los supuestos en que esta se los requiera. La diferencia es que en el precepto de la LOPA basta la notificación al particular por parte de los funcionarios competentes "...para la tramitación de los asuntos en los cuales aquellos tengan interés" (ambigua redacción, pues no queda claro si se refiere al interés de los particulares en el asunto o al de los funcionarios públicos en lograr la comparecencia). En cambio, en el Proyecto de 1965 tal orden de notificación debía basarse en norma legal o reglamentaria.

Una vez más, un asunto de tanta trascendencia para los derechos de la persona como lo es la determinación de las condiciones en que tiene el deber legal de acudir ante una autoridad pública por requerimiento de esta[65], es tratado con mayor cuidado y sujeción a parámetros normativos claros por el Proyecto de 1965 que por la LOPA. Incluso, el artículo 28.1 de la LPA imponía similares condicionamientos al deber de comparecencia de los particulares ante la Administración Pública que el Proyecto de 1965.

---

65 Por ejemplo, BREWER-CARÍAS, *Tratado...Volumen IV... El procedimiento administrativo...*, p. 482 y 583, sostiene que el incumplimiento de tal deber puede acarrear la imposición de sanciones penales.

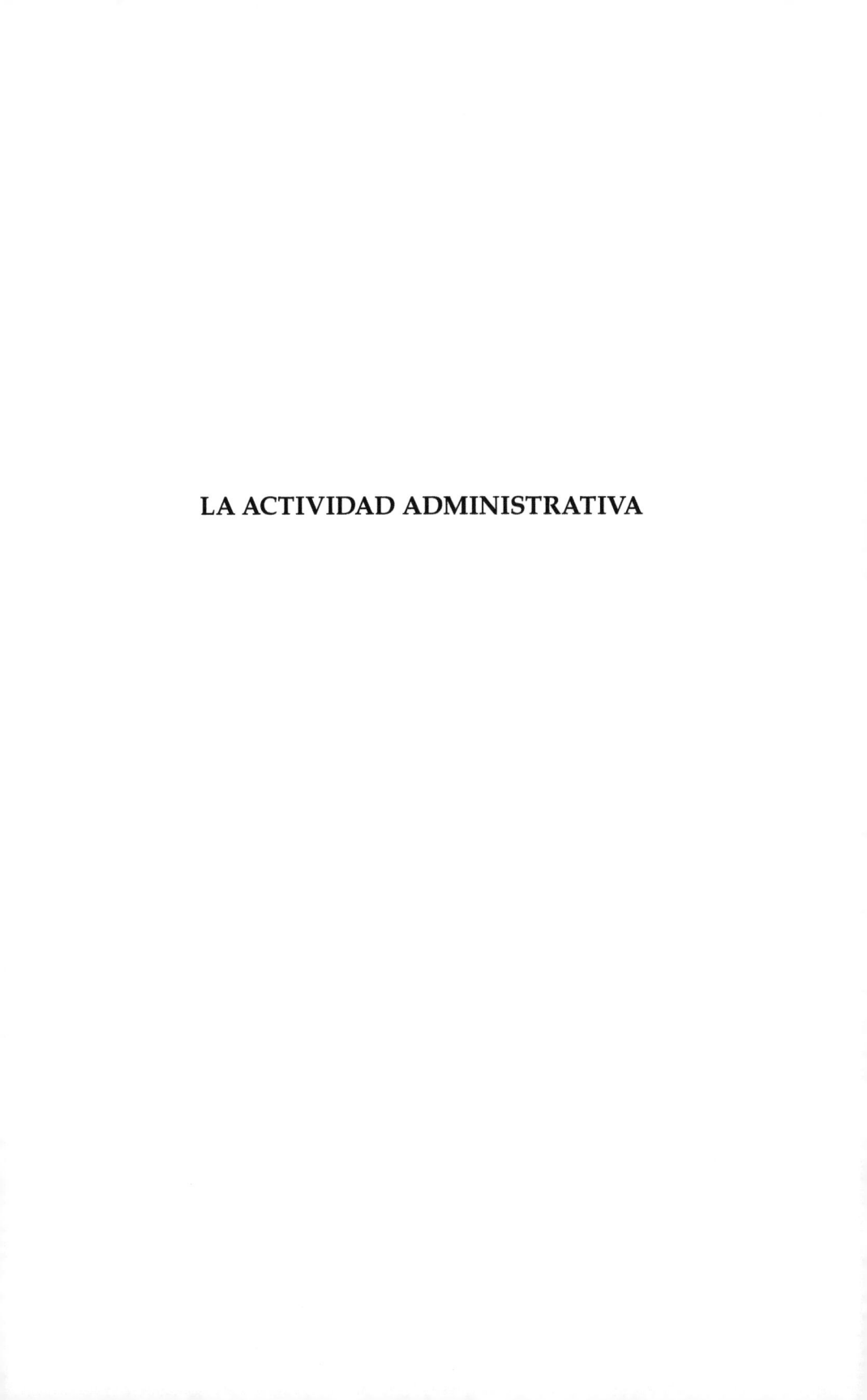

LA ACTIVIDAD ADMINISTRATIVA

El título II de la LOPA se intitula "De la actividad administrativa". Contiene los Capítulos I "Disposiciones generales" (artículos 30 al 35), II "De las inhibiciones" (artículos 36 al 40), III "De los términos y plazos" (artículos 41 al 43) y IV "De la recepción de documentos" (artículos 44 al 46). Este se corresponde en líneas generales con el Título II del Proyecto de 1965 "De la actuación administrativa", que va de los artículos 31 al 50, subdividido en capítulos con los mismos títulos (salvo el II, que se intitula "De las inhibiciones y recusaciones").

A continuación, los preceptos de la LOPA que se apartaron parcialmente de sus equivalentes en el Proyecto de 1965.

1. Principios de la actividad administrativa

El artículo 30 de la LOPA es muy similar al 31 del Proyecto. Ambos establecen los principios de la actividad administrativa, pero el encabezamiento del primero enuncia los principios de economía, eficacia, celeridad e imparcialidad, mientras que el Proyecto se refería solo a los tres primeros, y como normas. De allí que en este inicio la redacción de la LOPA luce más adecuada técnicamente, pero en el segundo párrafo el Proyecto de 1965 señala que tal precepto "...servirá de criterio interpretativo para resolver las cuestiones que puedan suscitarse en la aplicación de las normas de procedimiento", dejando claro que se trata de principios en el sentido de que uno de sus propósitos es el de fungir de marco orientativo al intérprete[66].

La redacción del segundo párrafo del artículo 30 de la LOPA es menos expresiva, al limitarse a señalar que las autoridades administrativas velarán por el cumplimiento de esos preceptos en los supuestos en deban resolver cuestiones relativas a las normas de procedimiento, aunque de su encabezamiento puede entenderse que el artículo 30 emplea otros términos para establecer la misma consecuencia jurídica que el ya aludido artículo 31 del Proyecto.

---

66 Una enunciación de los fines que tienen los principios en el procedimiento administrativo puede verse en: ARAUJO-JUÁREZ, *Derecho Administrativo General. Procedimiento y Recurso Administrativo...*, pp. 48.

2. Racionalización administrativa

El encabezamiento artículo 32 de la LOPA, luego de consagrar la regla de la unidad del expediente administrativo de forma semejante a su equivalente del mismo número del Proyecto de 1965, se refiere en su único aparte a la racionalización administrativa. Lo hace en términos notablemente genéricos ("...racionalizará sus métodos y sistemas de trabajo...adoptará las medidas y procedimientos más idóneos..."), a diferencia de la regulación del Proyecto, este último muy inspirado en la parte final de su artículo 32 en el artículo 30 de la LPA.

Incluso, puede aseverarse que la redacción del precepto de la LOPA luce inacabada en su parte final[67]. Mas, tratándose de un asunto tan concreto y técnico, es probable que tal opción fuera acogida considerando en que su desarrollo normativo debía corresponder a normas reglamentarias, mucho más adecuadas tanto en su contenido como en su facilidad de adaptación y modificación a las cambiantes realidades del asunto apenas normativamente enunciado.

3. Inhibición y recusación

La inhibición y recusación de los funcionarios administrativos constituyen dos de los principales medios con que cuenta el particular para el resguardo de la garantía de la imparcialidad de los funcionarios administrativos. Con más precisión, de la objetividad de estos, dado que la imparcialidad, entendida como la absoluta ausencia de posición de la Administración Pública frente a una relación jurídico-administrativa, es de improbable acaecimiento. Ello, en razón de que –incluso teóricamente– el propio carácter vicarial de la organización administrativa al servicio del interés general de la ciudadanía (consagrada en el caso venezolano en el

---

67 "La administración racionalizará sus sistemas y métodos de trabajo y vigilará su cumplimiento. A tales fines, adoptará las medidas y procedimientos más idóneos".

artículo 141 constitucional)[68], obliga al funcionario a perseguir la solución más acorde con tal cometido.

De tal suerte que, más que la búsqueda de la imparcialidad, lo que debe garantizarse es que los funcionarios administrativos actúen conforme a la finalidad que el ordenamiento jurídico les asigna para el ejercicio de sus potestades. No con propósitos distintos, sean en interés propio o incluso de carácter altruista[69].

Ahora bien, en este asunto, la diferencia sustancial entre la regulación de Proyecto de 1965 y la LOPA (contenidas ambas en el Título II, Capítulo II de cada instrumento), estriba en que en el primero se contemplaban tanto la inhibición como la recusación del funcionario público como instrumentos para lograr esa objetividad. Esto es, con el propósito de impedir que los servidores públicos intervengan e influyan en la sustanciación o decisión de asuntos en los que tengan un interés personal (sea propio o de un allegado). Interés cuya presencia cabe inferir ante el encuadramiento de situaciones fácticas en supuestos normativos en los que

---

68 Cfr. sobre este precepto, entre otros: HERNÁNDEZ G., José Ignacio: *Introducción al concepto constitucional de Administración Pública en Venezuela*. Editorial Jurídica Venezolana, Caracas, 2011, pp. 89-94 y 125-135; ARAUJO-JUÁREZ, José: *Derecho Administrativo Constitucional*. CIDEP-EJV. Caracas, 2017, pp. 160-161; GARCÍA SOTO, Carlos: *El carácter servicial de la Administración Pública: el artículo 141 de la Constitución*. Revista Electrónica de Derecho Administrativo Venezolano Núm. 11. 35 años de la Ley Orgánica de Procedimientos Administrativos. La Buena Administración. UMA. Caracas, 2017, pp. 191-219. http://redav.com.ve/wp-content/uploads/2018/02/El-caracter-servicial-de-la-administracion-publica-CGS.pdf; PEÑA SOLÍS, José: *Hacia una definición de Administración Pública desde la perspectiva constitucional, con especial énfasis en su carácter de organización servicial que actúa objetivamente, bajo la dirección del Gobierno*. Revista Venezolana de Legislación y Jurisprudencia Núm. 16. Homenaje a Jesús Caballero Ortiz. Caracas, 2021, pp. 755-781. http://rvlj.com.ve/wp-content/uploads/2021/06/RVLJ-16-755-781.pdf.

69 La objetividad persigue que el funcionario decida sin favoritismos (ARAUJO-JUÁREZ, *Derecho Administrativo General. Procedimiento y recurso administrativo...*, p. 131).

el conflicto de intereses respecto al caso sometido a conocimiento suele ser ineludible.

En contraste, en la LOPA no se contempla la figura de la recusación, sino solamente la inhibición[70]. Lo que implica que tan importante mecanismo garante de la objetividad del funcionario quedaría solamente para ser invocado por este, quien, precisamente en tales hipótesis, se encuentra en el dilema surgido del conflicto de intereses entre su situación personal –que, de una u otra manera, tiende a predisponerlo– y la búsqueda de la objetividad en la resolución del caso concreto. No hay que dudar de que la inhibición en tales casos es una solución adecuada, pero no suficiente. Y no lo es porque es solo una de las dos caras de la moneda.

La recusación es la otra, y, en atención, no solo al principio de objetividad administrativa, sino a la garantía del Debido Proceso, tiene que estar a disposición del interesado. Bien sea porque el funcionario público, incluso de buena fe, no advierte la existencia de la causal de inhibición o no considera que ella sea relevante en la situación particular, o bien se trate de un servidor público que, maliciosamente, no duda en intentar favorecer indebidamente a alguna de las partes involucradas o a un tercero.

Bajo esas premisas conceptuales, la eliminación del artículo 43 del Proyecto, que consagraba el derecho del particular a recusar al funcionario a quien correspondiera decidir un asunto luce como un injustificado retroceso en la protección de las garantías del particular[71]. En todo caso, a mi modo de ver, tal eliminación no podía

---

[70] Olvidando así la "simetría" entre ambos institutos, anverso y reverso del derecho de contar con funcionarios que procedan con objetividad, como señala la exposición de motivos del Proyecto de 1965 (Cfr. BREWER-CARÍAS, *El procedimiento administrativo en Venezuela...*, p. 24).

[71] La eliminación no parece fortuita, toda vez que el otro precepto eliminado del Proyecto de 1965 en este capítulo, que por lo demás quedó con muy pocas variaciones, consagraba expresamente la responsabilidad del funcionario que –debiendo haberlo hecho– no se hubiera inhibido (artículo 40). Así pues, a pesar de que tal consecuencia puede

interpretarse como la imposibilidad de ejercer tal derecho, en atención a la existencia de la garantía del Debido Proceso, instituto consustancial a la evolución moderna del Estado de Derecho[72].

Mucho más si se considera –en el caso venezolano– la cláusula enunciativa de los derechos constitucionales que impide entender que su falta de previsión en la Constitución implica su negación. Y, en todo caso, si ya esa cláusula estaba presente en el artículo 50 de la Constitución de 1961, su reiteración en el artículo 22 de la Carta Magna vigente, así como la explícita consagración de la garantía del Debido Proceso en sede administrativa en el artículo 49 de esta última, determina una interpretación de la LOPA más allá de su literalidad y conforme a la Constitución[73].

De allí se sigue que –incluso sin entrar en el tema del correspondiente marco convencional, que apuntalaría en el mismo sentido– no puede sino concluirse que la recusación también es procedente en el procedimiento administrativo. Y entendemos que lo era también durante la vigencia de la Constitución de 1961, a pesar de la injustificada omisión legal[74].

---

derivarse de una interpretación sistemática de las bases constitucionales de la responsabilidad de los funcionarios públicos, da la impresión de que, al menos en este capítulo, los cambios en el texto que terminó siendo la LOPA parecen perseguir la protección de los funcionarios públicos antes que la salvaguarda de los derechos de los interesados. Aunque, se insiste, si esa fue la intención, lo cierto es que una interpretación acorde con los postulados constitucionales permite remontar las supresiones del texto legal vigente y llegar a las mismas soluciones expresamente previstas en el Proyecto de 1965.

72 En contra: la jurisprudencia tradicional. Véase: BALASSO TEJERA, *Jurisprudencia sobre procedimiento...*, pp. 492-496.

73 Además, la laguna legal es de la LOPA pero no de todo el ordenamiento, habida cuenta que la recusación sí estaba ya prevista la legislación procesal y era y sigue siendo, a nuestro entender, perfectamente aplicable por analogía al procedimiento administrativo en atención a los postulados ya señalados.

74 En contra: ARAUJO-JUÁREZ, *Derecho Administrativo General. Procedimiento y recurso administrativo...*, pp. 218-219. Previamente: RACHADELL, Manuel: *Las garantías de los administrados en la Ley Orgánica de*

Más allá de esas consideraciones generales, poco puede añadirse en un somero análisis del régimen de la inhibición (pues no contempla la recusación en la LOPA), salvo algunos breves comentarios puntuales. Veamos:

Aunque el artículo 36 de la LOPA se basa claramente en el artículo 37 del Proyecto de 1965, tiende a reducir los supuestos de procedencia de la inhibición. Así por ejemplo, en el primer supuesto (tener interés en las resultas del procedimiento), la LOPA delimita el ámbito de tal causal al aludir al funcionario que está conociendo del caso, pero también si hay interés del cónyuge o parientes del primero dentro del 4° grado de consanguinidad y 2° de afinidad. No obstante la amplitud, se aparta así de la redacción inicial –aún más amplia– del Proyecto, que comenzaba señalando: "Cuando personalmente o a través de terceros, tuvieren interés directo en el procedimiento...", para luego agregar el caso de los parientes.

La redacción original parecía referirse al caso de que el interés no tiene por qué ser personal, sino también de otras personas, incluso jurídicas, vinculadas con el funcionario o con sus parientes. Sería el caso, por ejemplo, del supuesto equivalente previsto en el artículo 20.2.a de la LPA, que se refería a que también se incurre en la causal de inhibición en virtud de ser administrador de una

Procedimientos Administrativos. En: INSTITUTO DE DERECHO PÚBLICO: Archivo de Derecho Público y Ciencias de la Administración: El procedimiento administrativo. Vol. VII. UCV-FCJP. Caracas, 1983, p. 105, p. 105. Disentimos de tales opiniones, pues entendemos que acudir a la queja o reclamo del artículo 3° de la LOPA no reemplaza idóneamente el derecho a recusar a un funcionario que se niegue a inhibirse y cuyo rango haga inaplicable la posibilidad de acudir al superior jerárquico solicitando que se ordene su inhibición. Además, respecto a la invocación del principio de celeridad –con independencia de que la aplicación de tal principio no puede hacer automáticamente nugatorias las garantías del particular– cabe señalar que la recusación no era óbice para que el funcionario recusado realizara las actuaciones que no pudieran demorarse por razones de servicio (artículo 44 del Proyecto, frase suprimida en el artículo 40 de la LOPA), como acotaba la Exposición de Motivos del texto de 1965 (Cfr. BREWER-CARÍAS, *El procedimiento administrativo en Venezuela...*, p. 24).

entidad interesada en la cuestión litigiosa o en alguna otra relacionada y de pendiente resolución.

Quizá la regulación española es demasiado detallada, por lo que bastaba con la referencia a los terceros que hacía el Proyecto de 1965 para cubrir tales supuestos, por lo que cabe preguntarse por qué la supresión de tal alusión. Por supuesto, una interpretación finalística y contextual del precepto permite la extensión de tal supuesto de inhibición, pero lo cierto es que la redacción de la LOPA suprime –sin aparente justificación– una hipótesis que sí contemplaba el texto en que se basó.

En similar orientación, la LOPA no recoge como causal de inhibición el parentesco en 2° grado de afinidad y 4° de consanguinidad con los interesados, supuesto similar pero no idéntico al previo, y que estaba previsto en el inicio del artículo 37.4° del Proyecto de 1965, sino únicamente la amistad íntima o enemistad manifiesta del funcionario con quienes intervengan en el procedimiento (artículo 36.2° de la LOPA y 37.4 in fine del Proyecto de 1965).

Resalta aún más la supresión de los supuestos segundo y tercero del artículo 37 del Proyecto de 1965, que se referían a que el funcionario (o sus parientes en los grados ya señalados) se encontrara con alguna de las partes en relación jurídica o de hecho, suficientemente probada, de modo que "...el resultado del procedimiento pueda influir en sus obligaciones, derechos o en sus simples intereses" (previsión que no tienen parangón en la lista del artículo 20.2 de la LPA). Quizá en la discusión parlamentaria se consideró que tales hipótesis ya estaban implícitas en el primer supuesto de lo que resultó el artículo 36.1° de la LOPA, pero todo parece indicar que la redacción del Proyecto lo que pretendía era cubrir más ampliamente los diversos supuestos.

En lo restante, la regulación de la LOPA mantienen con variantes no sustanciales las causas de inhibición del Proyecto de 1965, salvo una última divergencia de envergadura entre la LOPA y el Proyecto de 1965. A saber, que esta no mantuvo la regla de que la actuación de funcionarios incursos en causal de recusación no necesariamente determina la invalidez de los actos de procedimiento en que intervinieron, recogida en el artículo 41 del Proyecto de 1965, y con una redacción similar, en el artículo 20.3 de la LPA. No obstante, así lo entendió la jurisprudencia, integrando el vacío legal con los principios del Derecho Administrativo, especialmente los de conservación del acto administrativo y del logro del fin[75].

4. Publicidad de la organización administrativa

El artículo 33 de la LOPA regula la información al público sobre los fines, competencia y funcionamiento de los diversos órganos y dependencias de la organización administrativa a través de diversos medios de publicidad. El precepto tiene su equivalente en el también artículo 33 del Proyecto de 1965, pero hay algunas diferencias. En el caso del Proyecto, su texto se refería a la existencia de oficinas de información, publicaciones ilustrativas sobre tramitación de expedientes, diagramas de procedimientos, organigramas, indicación sobre localización de dependencias y horarios de trabajo, entre otros medios adecuados.

La expresión empleada en el texto de la LOPA, en cambio, resulta más escueta. Pauta la publicación en la Gaceta Oficial de las normas contentivas de las estructuras, funciones, comunicaciones y jerarquías de las dependencias, para luego disponer que se debe informar al público sobre los fines, competencias y funcionamiento de los distintos órganos y servicios. Culmina señalando que se hará saber a los interesados sobre los métodos y procedimientos para la tramitación y consideración del caso.

A primera vista, la regulación es similar. Pero sus consecuencias prácticas no. Y ello se debe, al menos en parte, al hecho de que la LOPA hace énfasis en la publicación de esa información en el medio de divulgación oficial, lo que conlleva a que se haya entendido que basta la publicación de los respectivos reglamentos inter-

---

75 Véase: BALASSO TEJERA, *Jurisprudencia sobre procedimiento...*, pp. 501-502.

nos (Reglamentos Orgánicos los llama la legislación venezolana[76]) de los Ministerios y entes públicos para entenderse cumplida la norma. El deber de informar de manera concreta, y no en un texto legal que solo es consultado por abogados, sino por medios adecuados para el público en general, es inobservado en la mayoría de los casos.

La redacción original en el Proyecto luce pues mucho más detallada, y diremos que necesaria, conociendo la realidad de la Administración Pública de un país subdesarrollado. Por ello, explicita la necesaria existencia de oficinas de información, de avisos con diagramas y organigramas de funcionamiento y organización, de localización de dependencias y horarios de trabajo. Detalles que, aunque implícitos como deber sobre la base de los principios de publicidad y transparencia administrativas, lucen necesarios para que las paquidérmicas estructuras administrativas de la burocracia venezolana conocieran en detalle a lo que estaban obligadas en este aspecto.

Basta la experiencia de haber tenido que acudir a la sede de algún órgano o ente administrativo para comprobar que, hasta la simple ubicación de la dependencia específicamente competente, no suele resultar fácil. Ni hablar de acceder a la información sobre los trámites y procedimientos a seguir, a las cuales el usuario con suerte solo se entera al lograr acceder a las taquillas de las dependencias correspondientes, o luego de preguntar a algún funcionario o portero que haya tenido la gentil disposición de responder, si es que tiene el mínimo conocimiento.

La parte final del texto del artículo 33 de la Ley vigente, que señala que se informará igualmente a los interesados sobre los métodos y procedimientos en uso en la tramitación o consideración de su caso, pudiera entenderse que en parte completa las frases iniciales. No obstante, hay que tomar en cuenta que se refiere

---

[76] Artículos 47, 51, 54.7, 64, 67, 78.1, 84 y 84 del Decreto Núm. 1424 del 17/11/14 con rango, valor y fuerza de Ley Orgánica de la Administración Pública. G.O. Ext. 6.147 del 17/11/14.

solamente a los interesados en sentido estricto, lo que parece indicar que a la información sobre métodos y procedimientos se limitaría a quienes ostentan tal condición legitimadora, y no a cualquier usuario o visitante.

Por supuesto, lo anterior no pretende atribuir al cambio de redacción del artículo 33 las prácticas omisivas *contra legem* de la Administración Pública venezolana, vulneradoras de los principios de publicidad y transparencia administrativas, vicios arraigados en ella por décadas y que, en una situación como la actual, se han incrementado exponencialmente. No damos valor taumatúrgico a las leyes, mucho menos en el contexto latinoamericano de escasa conciencia cívica de la mayoría de sus habitantes y de aún menor formación para el servicio de la mayoría de sus funcionarios públicos.

De hecho, las omisiones del texto de la LOPA respecto a su antecedente podrían haberse debido a que el redactor final entendió que tales detalles eran innecesarios en un precepto de rango legal, y que, en todo caso, bien podían desarrollarse en normas reglamentarias o incluso en instructivos o circulares. Ello es aceptable técnicamente[77]. Y en todo caso, las insuficiencias legales fueron

---

77 Así ocurrió, de hecho. Existe un Reglamento parcial de la LOPA sobre Servicios de Información al Público y Recepción y Entrega de documentos (G.O. 36.199 del 06/05/97), cuya inaplicación es generalizada (ARAUJO-JUÁREZ, *Derecho Administrativo General. Procedimiento y recurso administrativo...*, p. 177). A los efectos ilustrativos, se transcriben sus artículos 1 y 3: Artículo 1. Los organismos de la Administración Pública Nacional establecerán y mantendrán sistemas de información al público, a los fines de suministrar a los interesados toda la información relacionada con los procedimientos para las tramitaciones administrativas de sus respectivas solicitudes, así como sobre las competencias de sus respectivas dependencias y funcionamiento de sus distintos órganos y servicios. Dichos sistemas de información estarán a la disposición de la ciudadanía a través de una o varias Oficinas de Información al Público en todos los organismos de la Administración Pública Nacional, e igualmente podrán prestarse en cualesquiera otras dependencias de dichos organismos, según lo consideren conveniente. En este último caso, las Oficinas de Información

complementadas en otros instrumentos posteriores, sin que haya habido mayor cambio en la realidad[78].

Pero, en el caso concreto, al menos durante los primeros 20 años de vigencia de la LOPA, cuando había un mínimo de apego a las exigencias del Estado de Derecho por parte de la Administración Pública venezolana –así fuera a regañadientes o como consecuencia de reclamos de la ciudadanía o incluso de amenazas de acudir al superior jerárquico o a la vía judicia–, quizá el carácter explícito de las normas en este asunto hubieran contribuido a mejorar la situación. Esto es, a promover en alguna oportunidad la corrección de las malas prácticas administrativas en lo que concierne a algo tan básico como dar la información adecuada y oportuna a cualquier usuario respecto a lo exigido en la práctica para plantear asuntos o requerimientos a los órganos y entes públicos.

Para culminar, buena parte de este asunto debería haber quedado en el pasado a partir de la llegada de las tecnologías de la información y la comunicación. Pero en el caso venezolano, paradójicamente, en muchas ocasiones esa tecnología ha sido usada en contra del particular. Basta con ver cómo la mayoría de los por-

> al Público mantendrán un registro de las dependencias que prestarán los diferentes servicios, las materias o trámites que les correspondan y su ubicación. En las respectivas Oficinas de Información al Público o en las dependencias que determinen los organismos, se prestarán igualmente, servicios de recepción y entrega de solicitudes y recaudos, a los fines de su tramitación ante las unidades competentes de cada organismo. Artículo 3. Los organismos de la Administración Pública Nacional suministrarán los servicios de información mediante instrumentos escritos, tales como folletos, guías, trípticos, carteleras, etc., así como podrán difundirla, en la medida de las disponibilidades de cada organismo, través de los sistemas de información telefónicos u otros servicios de telecomunicaciones de moderna tecnología que puedan tener a su disposición (...).

78 Véanse por ejemplo los artículos 36 al 43 del Decreto con rango, valor y fuerza de Ley de Simplificación de Trámites Administrativos, Capítulo III del Título III, significativamente intitulado: La Administración Pública al servicio de los ciudadanos (G.O. Núm. 6.149 Ext. del 18/11/14).

tales electrónicos de los órganos y entes públicos se emplean con fines proselitistas antes que para informar y servir a los usuarios.

5. Deber de recibir la documentación presentada por los particulares

En el Capítulo IV se encuentra la última divergencia sustancial entre la LOPA y su antecedente, el Proyecto de 1965, en lo que se refiere al Título aquí objeto de estudio. Se trata del artículo 45 de la primera con relación al 49 del segundo. Ambos regulan la competencia que tienen los funcionarios de advertir a los particulares sobre las omisiones e irregularidades de los documentos que los últimos presenten. Pero la norma vigente del texto vigente aclara que, aun ejerciendo tal competencia en el sentido de advertir tales defectos, los funcionarios no pueden negarse a recibir los escritos.

Con ello, la LOPA proscribe cualquier tesis interpretativa que, a contravía de una interpretación sistemática, contextual y finalística de sus principios y reglas, dejara a la discreción del funcionario respectivo la recepción de los escritos, sobre la base de invocar la existencia de omisiones o fallas en la documentación exigida para cada caso. Práctica que, lamentablemente, en la práctica se mantuvo y a partir de este siglo se acrecentó. Hoy en día aupada, además, por la convicción que tiene quien ejerce funciones públicas de que poco se corresponde la realidad de la Administración Pública venezolana y su deplorable trato a las personas (propio del que se otorgara a súbitos y no a ciudadanos), con lo que prescribe el ordenamiento jurídico. Y que tal distanciamiento es perfectamente admisible y no genera consecuencias. Y es que, lamentablemente, es de todos bien conocida la actual inoperancia práctica de los controles sobre la conducta de los funcionarios públicos.

LOS PROCEDIMIENTOS DE FORMACIÓN DEL ACTO ADMINISTRATIVO

1. El Procedimiento ordinario
1.1. Inicio
1.1.1. Supuestos de procedencia

Uno de los aspectos en que más diverge la LOPA de su antecedente es en la diferenciación en los regímenes del procedimiento administrativo ordinario y del sumario. No tanto en lo que se refiere a los detalles en la sustanciación del primero, sino más bien en los supuestos de procedencia y caracteres fundamentales de cada uno.

En efecto, el Proyecto de 1965 establecía hipótesis de procedencia distintos para cada procedimiento. Mientras que en el caso del ordinario estaba concebido para su aplicación ante el supuesto de que el acto definitivo que lo concluyera pudiera lesionar derechos subjetivos o intereses legítimos (artículo 51), no existe precepto equivalente en la LOPA en cuanto a establecer hipótesis de aplicación del mismo. En su reemplazo, el artículo 47 de la ley vigente solo establece que los procedimientos administrativos contenidos en leyes especiales se aplicarán con preferencia en las materias que constituyan, precisamente, esa especialidad. Lo que implica que el procedimiento ordinario es, justamente, el ordinario, el usual, en el sentido de que es el que se aplica en todos los supuestos en que no existe procedimiento especial a seguir[79].

Regresando a la regulación del Proyecto de 1965, su artículo 77 disponía que se emplearía el procedimiento sumario en hipótesis distintas a las reguladas para el ordinario. Por lo que, por argumento a contrario, este último sería el aplicable en el caso de que el asunto a decidir no implicara afectación de derechos o intere-

---

[79] De acuerdo con FARÍAS MATA, *op. cit.*, p. 293, la explicación del cambio en cuanto al ámbito de procedencia del procedimiento ordinario respecto a cómo estaba concebido en el Proyecto de 1965 y a la forma en que quedó regulado en la LOPA, se habría debido a su iniciativa. La justificación de la modificación obedeció a la dificultad para prever en qué casos un acto administrativo va a afectar derechos o intereses, lo que hacía inconveniente que ese fuera el supuesto de aplicación y diferenciación.

ses legítimos. Mientras que el artículo 67 de la LOPA, también en correspondencia con la diversa concepción del ámbito del procedimiento ordinario en esta, establece que el sumario –por su parte– se aplica ante una hipótesis abierta, esto es: "...cuando la Administración lo estime conveniente"[80].

Iba más allá la regulación del procedimiento sumario en el Proyecto de 1965. En efecto, su artículo 79 preveía que en él no habría alegaciones ni pruebas por las partes, sin comparecencia ni audiencia de los interesados, sino que esta dependería exclusivamente de la actividad oficiosa de la Administración. La participación de estos solo tendría lugar luego de la sustanciación y antes de la resolución conclusiva del procedimiento, con el fin de que expusieran alegatos y observaciones (artículo 81).

De tal panorama, queda claro que tanto la concepción como los caracteres del procedimiento sumario en el Proyecto de 1965 –salvo si se considera que en el solo se sustanciaran decisiones con efectos estrictamente internos de la organización– resultan de difícil acomodo con la visión contemporánea del procedimiento administrativo a la luz del Debido Proceso. Pero hay que tener en cuenta, en primer término, su limitado ámbito de aplicación, y en segundo lugar, su contexto temporal dentro del desarrollo del Derecho Administrativo venezolano. En todo caso, esa regulación se abandonó en el texto que terminó siendo la LOPA.

No obstante, a nuestro modo de ver, el régimen vigente del procedimiento sumario –quizá en parte por apartarse del modelo original– no deja de suscitar problemas interpretativos y de aplicación.

---

80 No obstante, en ambas regulaciones se prevé la posibilidad de que la Administración Pública sustanciadora decida –sobrevenidamente y con autorización del superior jerárquico– aplicar el procedimiento ordinario luego de iniciado un procedimiento administrativo sumario, si la complejidad del asunto así lo requiere y previa audiencia de los interesados. Lo que evidencia que el texto del artículo 78 del Proyecto quedó prácticamente inalterado en el artículo 68 de la LOPA.

En efecto, la referencia a que a ese último procedimiento la Administración Pública acudirá "cuando lo estime conveniente", determina una habilitación genérica y en extremo abierta, otorgando una discrecionalidad quizá innecesaria[81]. De hecho, la doctrina ha tenido que precisar que este régimen no es aplicable, entre otros asuntos, ni a los procedimientos iniciados de oficio que requieran sustanciación ni a la materia sancionadora[82].

Por otra parte, la única regulación adicional del procedimiento sumario en la ley vigente se refiere a la iniciativa probatoria oficiosa de la Administración Pública. Precepto que parece innecesario en tanto tal iniciativa no es exclusiva de este, sino común a todos los procedimientos administrativos. De allí que pudiera considerarse la hipótesis atinente a que la redacción y ubicación del artículo 69 de la LOPA se explica porque la norma quedó como remanente de la supresión parcial del texto del artículo 79 del Proyecto de 1965[83].

En todo caso, esa redacción, que otorga un amplio poder discrecional al órgano administrativo para optar entre el procedimiento ordinario o el sumario, parece haber conducido al escaso uso del

---

81 En similar sentido, FARÍAS MATA, *op. cit.*, pp. 293-294.
82 Cfr. BREWER-CARÍAS, *Tratado...Volumen IV*, p. 604 (aunque parece afirmar lo contrario respecto a la materia sancionadora en: *Ibídem*, pp. 614 y 619).
83 El texto de los preceptos en cuestión permite verlo. Artículo 79 del Proyecto de 1965: En el procedimiento sumario no habrá debates, defensas ni pruebas ofrecidas por las partes, **pero la Administración deberá comprobar de oficio la verdad de los hechos y demás elementos de juicio necesarios para el esclarecimiento del asunto.** Las pruebas se tramitarán sin señalamiento, comparecencia ni audiencia de los interesados, salvo aquellos a quienes se convocare especialmente, a juicio de la autoridad administrativa (resaltado añadido). Artículo 69 de la LOPA: En el procedimiento sumario la administración deberá comprobar de oficio la verdad de los hechos y demás elementos de juicio necesarios para el esclarecimiento del asunto.

último[84]. Ello, si nos atenemos a la poca atención que tanto la doctrina como la jurisprudencia, hasta donde tenemos conocimiento, le ha dispensado al procedimiento administrativo sumario. La primera, desde el punto de vista teórico y dogmático, y la segunda, al pronunciarse sobre controversias surgidas como consecuencia de la aplicación de este[85].

1.1.2. Notificación del inicio del procedimiento

Otro cambio de importancia en la LOPA con respecto al Proyecto de 1965 es que el artículo 65 de la primera establece que la apertura de oficio del procedimiento ordinario da lugar a la notificación de los interesados y derechohabientes para que se apersonen y aleguen y prueben lo que corresponda dentro de un plazo. La inclusión nos luce importante porque despeja toda duda acerca de la necesaria notificación de los potenciales afectados por el procedimiento administrativo desde su inicio, aunque tal interpretación debía privar ya durante la vigencia de la Constitución de 1961 considerando la consagración en su artículo 68 del derecho a la defensa[86].

1.1.3. Subsanación del escrito de solicitud

La última divergencia sustancial entre la LOPA y su antecedente en lo que se refiere al inicio del procedimiento administrativo

---

84 Quizá contribuya a su escasa incidencia práctica su breve lapso, pues debe culminar en 30 días hábiles, plazo que, si se trata de pronunciarse luego una sustanciación en que haya tenido que comprobarse algún hecho o circunstancia distinta a lo que conste en el expediente al inicio del procedimiento, resulta muchas veces irrealizable en los tiempos en que se suele tardar la Administración Pública venezolana.

85 Cfr. ARAUJO-JUÁREZ, *Derecho Administrativo general. Procedimiento administrativo y recurso...*, pp. 336-338, quien apenas le dedica un par de páginas en el volumen correspondiente al procedimiento administrativo en el tomo de su Tratado de 2010, al igual que BREWER-CARÍAS, *Tratado... Volumen IV*, pp. 614-615. A su vez, HERNÁNDEZ GONZÁLEZ, *Lecciones...* y LEAL WILHELM, *Teoría del procedimiento...*, ni siquiera lo refieren.

86 En tal sentido, véase: BALASSO TEJERA, *Jurisprudencia sobre procedimiento administrativo...*, p. 449.

ordinario se refiere a las consecuencias de la falta de subsanación oportuna del escrito de la solicitud, una vez que el funcionario ha advertido las omisiones o faltas que presenta (artículo 50). En tal hipótesis, el particular tiene la opción de presentar un segundo escrito corregido, y si este es nuevamente objetado por la Administración Pública, puede corregir nuevamente o presentar un recurso jerárquico. En cambio, su norma equivalente en el Proyecto de 1965, a saber, el artículo 54, se limitaba a señalar que si el interesado no corrige oportunamente su solicitud, se presume el desistimiento.

Es plausible entender que la solución del Proyecto sigue siendo la aplicable ante la falta de corrección en tiempo hábil, en atención a los principios de economía y celeridad procedimentales, aunque ha debido mantenerse para evitar dudas en atención a las consecuencias desfavorables para el particular de tal regla. Pero el añadido de la LOPA también contribuye a despejar cualquier controversia interpretativa en el caso de desacuerdos entre el solicitante y el funcionario respecto a la idoneidad de la corrección.

1.2. Sustanciación

En esta sección segunda del Capítulo I del Título III de la LOPA, que va de los artículos 51 al 59, más allá de los cambios de redacción o la simplificación de algunas frases, las discordancias de esta con su equivalente, la sección tercera del Capítulo I del Título III Proyecto de 1965 (artículos 56 al 65) son escasas, aunque hay preceptos que no fueron recogidos. Veamos las principales:

1.2.1. Solicitud de información y documentación

En el artículo 54 de la LOPA, que trata sobre la competencia del órgano instructor para solicitar información y documentación a otros órganos y entes, se añade en su parte final que ello también puede ser instado por los interesados, en cuyo caso deberán indicar la oficina donde se encuentre tal documentación. Ello, a diferencia del artículo 59 del Proyecto de 1965, que no tenía esa última previsión.

No obstante, en atención a los derechos procedimentales de las partes y a la búsqueda de la resolución del asunto sobre la base de la mayor y mejor información disponibles, que son propósitos de todo procedimiento administrativo, es de colegir que tal omisión no debe interpretarse como que el Proyecto preveía una limitación a la iniciativa de los particulares en este aspecto.

1.2.2. Pruebas

En cuanto a los medios de prueba admisibles en el procedimiento, el artículo 58 de la LOPA, afortunadamente, amplía el supuesto original del artículo 64 del Proyecto de 1965, pues el primero reenvía al Código Civil, Código de Procedimiento Civil y Código de Enjuiciamiento Criminal, mientras que el segundo lo hacía únicamente al Código Civil. Con tal cambio resultó expedita la aplicación al procedimiento administrativo del sistema implantado con la reforma de la legislación adjetiva civil a partir de la década de los ochenta del siglo pasado, asumiéndose así el sistema de medios probatorios no taxativos.

En ese orden de ideas, ese mismo artículo 58 suprime la parte final de su antecedente, el artículo 64 del Proyecto de 1965. Este último disponía que el funcionario sustanciador del expediente podía acordar, de oficio o a instancia de parte, un lapso probatorio, salvo que fuere manifiestamente innecesario, prorrogable según la complejidad del asunto.

Así pues, la solución de la LOPA se inclinó a dar primacía a la regla de la ausencia de preclusión en el procedimiento administrativo, dejando a la discrecionalidad de la Administración Pública la apertura o no de tal fase de manera formal y expresa. Pero es claro que, como toda discrecionalidad, la misma estaría limitada tanto por las necesidades de verificar afirmaciones fácticas como por los derechos procedimentales de las partes[87]. Y en última instancia, por los requerimientos de contar con la mayor y mejor informa-

---

87 Sobre el derecho a la prueba en el procedimiento administrativo puede verse, entre otros: ARAUJO-JUÁREZ, *Derecho Administrativo General. Procedimiento y recurso administrativo...*, pp. 191-193

ción posibles a los fines de adoptar una decisión ajustada a derecho y favorable al interés general involucrado, de ser el caso.

De tal modo que la ausencia en la LOPA de la parte final del artículo 64 del Proyecto de 1965, es decir, de un precepto con una redacción equivalente o similar, no implica que ese instrumento legal disponga que en el procedimiento administrativo no ha de tener lugar un lapso probatorio. Máxime, dado que la primera parte del artículo sí se mantuvo, en cuanto al reenvío a las leyes vigentes en materia de medios de prueba a emplear en la sustanciación del procedimiento administrativo ordinario (artículo 64, encabezamiento, del Proyecto de 1965 y 58 de la LOPA). A la misma conclusión se llega al tomar en cuenta la referencia al derecho del interesado a alegar y probar a que se refiere el artículo 48, aparte único, de la LOPA.

Esto último permite inferir la aceptación de actividad probatoria oficiosa o a instancia de parte en el procedimiento administrativo. Conclusión obligada –además– a la luz del Debido Proceso y de una de sus manifestaciones básicas, el derecho a probar lo alegado[88].

No obstante, la previsión expresa de la obligatoria apertura de lapso probatorio, salvo por manifiesta falta de necesidad, bien porque no haya nada que probar en razón de que se trate de un asunto de mero derecho, bien porque no haya habido controversia sobre los hechos alegados o en razón de que el funcionario considere que no se requiere inquirir sobre nuevos hechos, parece una sana regla de Buena Administración. Además, como ya se señaló, de

---

88 Cfr. entre otros: BREWER-CARÍAS, Allan-Randolph: *La carga de la prueba en el Derecho Administrativo*. Cuaderno de Trabajo Número 23. Instituto de Filosofía del Derecho. Universidad del Zulia. Venezuela, 1978, pp. 30-32. Disponible en línea: http://allanbrewercarias.net/Content/449725d9-f1cb-474b-8ab2-41efb849fea8/Content/II.4.100.pdf y del mismo autor en su *Tratado...Volumen IV*, pp. 320, 408, 447, 472, 616-623, 808-815 y 899; ARAUJO-JUÁREZ, *Derecho Administrativo General. Procedimiento y recurso administrativo...*, pp. 191-192 y 277-287; UROSA MAGGI, *Inicio y sustanciación...*, pp. 27-33.

que resulta más acorde con las garantías procesales constitucionales de los interesados, en lugar de dejar –como lo hace la LOPA– un mayor margen de discrecionalidad a la Administración Pública en un asunto de tanta relevancia en la sustanciación del procedimiento.

Quizá una solución intermedia hubiera sido que la LOPA acogiera tal regla pero sin fijar lapsos precisos de duración de la fase de pruebas, permitiendo una mayor adaptabilidad de la sustanciación a las particularidades de cada caso. Mas, en todo caso, sí hay un lapso probatorio de diez (10) días hábiles que el ya aludido artículo 48, único aparte, de la LOPA, le concede al interesado al inicio del procedimiento.

1.2.3. Derecho de acceso al expediente

El artículo 59 de la LOPA regula el derecho de acceso al expediente administrativo y sus limitaciones, precepto que se corresponde parcialmente con el contenido del artículo 65 del Proyecto de 1965. Comparando ambos, puede decirse que la versión actual precisa la redacción original. En efecto, la primera establece la premisa general que se mantiene, a saber: el derecho de acceso al expediente administrativo, así como a copiar el mismo y a pedir certificación de tales copias.

No obstante, el artículo 65 del Proyecto de 1965 establecía tres excepciones al acceso al expediente: 1) Los documentos calificados –motivadamente– como confidenciales; 2) Los documentos cuyo conocimiento confiera al interesado una ventaja ilegítima en perjuicio de tercero; y 3) Los proyectos de resolución y los informes de órganos consultivos y técnicos.

En cambio, en el texto de la LOPA solo persistió la primera excepción, es decir, los documentos confidenciales, los cuales, agrega, serán archivados en cuerpo separado, mientras que el texto del Proyecto se refería a que estos se desglosarían y la decisión denegatoria sería motivada.

De tal modo que la redacción el texto vigente parece dar a entender que esa calificación de confidencial y la consiguiente separación física del expediente de tales recaudos son previas o simultáneas a la configuración del expediente, no reacciones ante la petición de acceso del interesado. De ser así, luce más idónea la solución de la LOPA, en el sentido de que la decisión administrativa se produce luego de una consideración más objetiva y abstracta y no como consecuencia de la actividad de las partes.

Adicionalmente, la supresión de los otros dos supuestos parece acertada, habida cuenta de que tales limitaciones al derecho de acceso al expediente lucen de discutible justificación. El primero, toda vez que la referencia al surgimiento de "una ventaja ilegítima" es un término jurídico indeterminado, por lo que su inclusión en una norma excepcional es de por sí contraria a una adecuada técnica legislativa. En efecto, se trata de una noción imprecisa y que puede prestarse a excesos interpretativos indeseables. Y, además, por cuanto resulta difícil aceptar que tal supuesto fáctico configure una justificación para limitar el ejercicio de una manifestación tan trascendente de la garantía del Debido Proceso en sede administrativa.

El segundo, dado que los proyectos de resolución, en tanto sean proyectos, no suelen agregarse al expediente administrativo, ya que no configuran aún la manifestación de voluntad administrativa expresada a través de su órgano-persona u órgano-titular. Y, en el caso de los informes técnicos, no se encuentra razón para que el interesado no pueda tener acceso a ellos. Antes, al contrario, se trata de documentos que pueden influir de forma determinante en la resolución del caso (de hecho, la posibilidad de objetarlos autónomamente es un asunto controversial en la doctrina y legislación iberoamericanas). Por tanto, más bien debe garantizarse su acceso al particular interesado a los efectos de permitirle el cabal ejercicio de sus derechos constitucionales procedimentales.

1.2.4. Omisión del informe obligatorio de la Consultoría Jurídica

Por último, en el régimen de la sustanciación del procedimiento administrativo hay una omisión que cabe resaltar. El artículo 63 del Proyecto de 1965 establecía una regla que no pasó al texto de ley vigente. En la sustanciación de todo procedimiento administrativo, de formación del acto o de revisión de este, se requería de la elaboración de un informe por parte de la oficina de asesoría o consultoría jurídica respectiva. Informe que debía presentarse antes de que se dictara el acto administrativo definitivo, solamente dispensado para aquellos procedimientos que consistieran en la simple verificación de datos.

Se trata de lo que entendemos como una sana previsión procedimental, tanto en lo que se refiere a la revisión de la juridicidad del actuar administrativo, en la faceta objetiva del procedimiento, como en lo atinente a la garantía del respeto a los derechos e intereses de los particulares que pudieran resultar afectados, en cuanto al aspecto subjetivo. Y, en eso último, esa garantía se destinaría, entre otros asuntos, a la verificación de que a los interesados que intervinieron en el procedimiento se les respetaron las diversas manifestaciones del debido proceso. No obstante todas sus ventajas, el precepto no se mantuvo en el texto que terminó convirtiéndose en ley.

Lo anterior viene el caso, por cuanto, si bien las dependencias consultivas jurídicas suelen intervenir protagónicamente en la resolución de los recursos administrativos (sobre todo del jerárquico), en ocasiones no son requeridas de forma oportuna en la sustanciación y decisión de otro tipo de procedimientos. Por lo que, en esas oportunidades, la necesidad de un dictamen jurídico previo a la emisión del acto administrativo definitivo luce una previsión normativa conveniente.

1.3. Terminación

La sección tercera del Capítulo I del Título III de la LOPA, artículos 60 al 66, que regula la terminación del procedimiento ordinario, también tiene gran similitud con su antecedente, la sección cuarta del Capítulo I del Título III del Proyecto de 1965. Así pues, con cambios formales, el régimen de los plazos para decidir, el alcance de la decisión, el desistimiento y la perención del procedimiento mantienen las características básicas contenidas en el Proyecto.

No obstante, hay un precepto que la ley vigente no mantuvo, probablemente porque lo entendió incorporado al novedoso artículo 4 que regula de manera general el silencio administrativo negativo, ficción procedimental instaurada para permitir el acceso bien al siguiente recurso administrativo o bien a la vía judicial por medio de una hipótesis en la que opera el silencio administrativo negativo.

Y es que, como ya se adelantó, el artículo 70 del Proyecto de 1965 contemplaba específicamente el silencio administrativo negativo para las solicitudes tramitadas por el procedimiento administrativo ordinario. El precepto disponía que si transcurridos los lapsos de decisión "...la Administración no resolviera sobre las solicitudes de los particulares, las mismas se entenderán negadas y el interesado podrá ejercer los recursos pertinentes". A su vez, el artículo 71 estipulaba que tal regla no relevaba a la Administración de su obligación de decidir de forma expresa, sin perjuicio de la responsabilidad del funcionario por la omisión o demora.

Se trata del antecedente más próximo a lo que resultó el artículo 4º de la LOPA, aunque este último regula unos supuestos más amplios, con una serie de efectos que suscitaron controversias, como se vio en el capítulo correspondiente.

2. El Procedimiento sumario

Habiendo ya revisado los supuestos de aplicación del procedimiento sumario a modo de contraste con las hipótesis de inicio del procedimiento ordinario, así como sus principales características en la LOPA y cómo se apartó del régimen previsto en el Proyecto de 1965, se remite a tal desarrollo.

LOS PROCEDIMIENTOS DE REVISIÓN
DEL ACTO ADMINISTRATIVO

1. Inicio de oficio o a instancia de parte

Curiosamente, el Capítulo I del Título IV de la LOPA "De la revisión de los actos en vía administrativa", se intitula "De la Revisión de Oficio", aun cuando las potestades de autotutela revisora allí contempladas no solo se ejercen de oficio sino también a iniciativa del interesado, como se desprende de su mera interpretación literal. La denominación del Capítulo es la misma en el equivalente, que también es el I, del Título IV del Proyecto de 1965. En todo caso, se trata de las potestades convalidatoria y subsanadora, revocatoria, de reconocer la nulidad absoluta y la de corrección de errores materiales o numéricos. El tema, además, se vincula con el de los efectos de las nulidades absolutas o relativas de los actos administrativos.

A continuación se comenta cada una.

1.1. La convalidación

El artículo 81 de la LOPA, que establece potestad de convalidar los actos administrativos anulables subsanando los vicios de que adolezcan, reproduce el artículo 18 del Proyecto de 1965. A su vez, ambos se basan en el artículo 53.1 de la LPA.

No obstante, al igual que en otros asuntos vinculados con el acto administrativo, la ley española reguló el asunto con más profusión en los diversos apartados del artículo 53. Así por ejemplo, en el artículo 53.2 da un ejemplo de cómo opera la subsanación; y en el caso de la incompetencia, la convalidación será consecuencia de la actuación del superior jerárquico competente.

Por su parte, el artículo 53.3 de la misma LPA aclaraba que la convalidación no produce efectos retroactivos salvo en los supuestos excepcionales en que esta opera según la propia Ley; y el artículo 53.4 disponía que si se trata de la falta de alguna autoridad, esta puede ser convalidada mediante su otorgamiento por el órgano competente, salvo que se trate de la omisión de informes preceptivos (artículo 53.5).

En resumen, un nivel de detalle que los redactores del Proyecto de 1965 decidieron no seguir. Lo que, en todo caso, no constituye obstáculo insalvable para que la práctica administrativa, apoyada o corregida por la jurisprudencia y la doctrina administrativista, hiciera uso de la convalidación de actos administrativos[89].

1.2. La revocación[90]

En cuanto a la potestad revisora en general de los actos administrativos por parte de la Administración Pública, sea de oficio o a instancia de los interesados, el Título VI, Capítulo I de la LOPA, intitulado "De la revisión de oficio", establece, además de la ya vista de convalidación de actos anulables (artículo 81), las pautas para el ejercicio de las competencia en lo que respecta a la potestad revocatoria de los actos que no originen derechos subjetivos o intereses legítimos (artículo 82), al reconocimiento de la nulidad absoluta (artículo 83) y a la corrección de errores materiales o numéricos (artículo 84).

En lo que se refiere a la revocación de actos administrativos, el artículo 82 de la LOPA es casi idéntico al artículo 19 del Proyecto de 1965, por lo que no habría que hacer mayor comentarios al respecto. Lo que llama la atención es que esa amplia potestad revocatoria no tiene equivalente en la LPA, que en su lugar reguló, o bien la declaración de nulidad de los actos administrativos nulos de pleno derecho (artículo 109), o la declaración de nulidad de actos declarativos de derechos que solo puede darse en las hipótesis en que estos sean manifiestamente ilegales y siempre que se cumplan algunos requisitos formales (artículo 110.1). De hecho, en caso de que se llenen tales requisitos, la Administración tiene que acudir al llamado recurso de lesividad, es decir, a la vía judicial (artículo 110.2).

---

89 Véase por ejemplo: BALASSO TEJERA, *Jurisprudencia sobre los actos administrativos...*, pp. 801-807; HERNÁNDEZ-MENDIBLE, *Estudio jurisprudencial...*, 193-199.

90 En este epígrafe se corrigen imprecisiones y se reconsideran opiniones expuestas en nuestro texto: *Una mirada retrospectiva...*, pp. 196-197.

Así pues, no existe una equivalente potestad revocatoria genérica como se plantea en la LOPA en el caso español, al punto de que el término "revocación" solo lo empleó el artículo 112 de la LPA para referir que tal potestad, al igual que la anulatoria, no puede ser ejercitada en la hipótesis de que, por prescripción u otras circunstancias "...*su ejercicio resultase contrario a la equidad, al derecho de los particulares o a las leyes*".

De manera que esa amplia y general potestad revocatoria que existe en nuestra LOPA y en el Proyecto de 1965 no existe en el caso español. Esa regulación distinta determina, entre otras consecuencias:

Primero: Que la regla general en nuestro Derecho Administrativo es la revocabilidad de los actos administrativos que no generen derechos subjetivos o intereses legítimos, con independencia de si están regularmente constituidos o presentan defectos o vicios[91].

Segundo: Que hay un diferente tratamiento de la revocación respecto a la anulación o declaración de nulidad en vía administrativa. Esta última parece contraerse es al reconocimiento de la nulidad absoluta de los actos administrativos. Y si hay un régimen distinto es porque debería tratarse de institutos también diversos[92].

---

91 ARAUJO-JUÁREZ, *Derecho Administrativo General. Procedimiento y recurso...*, pp. 371-374; BREWER-CARÍAS: *Tratado de Derecho Administrativo...*, Volumen III, pp. 558 y 567.

92 La inclusión en el Proyecto de 1965 de sendos preceptos (artículos 19 y 94) que establecen situaciones jurídicas consolidadas favorables a particulares (el primero derechos e intereses y el segundo derechos) como límite de las potestades revocatoria y anulatoria de estos da a entender, en efecto, que se trata de dos institutos distintos. Ello daría sustento a la tesis que sostiene que la anulación se produce por motivos de ilegalidad y la revocación por motivos de mérito (ARAUJO-JUÁREZ, *Derecho Administrativo General. Procedimiento y recurso...*, pp. 372-374; RONDÓN DE SANSÓ, *Estudio preliminar...*, pp. 101-102; RONDÓN DE SANSÓ, Hildegard: *El procedimiento administrativo y sus actuales tendencias legislativas*. FUNEDA. Caracas, 2011, pp. 90-91).

1.3. El reconocimiento de la nulidad absoluta

Respecto a las consecuencias de las declaraciones de nulidad o anulabilidad, la LOPA recoge algunos elementos de la clásica distinción entre nulidad de pleno derecho o absoluta y anulabilidad o nulidad relativa. A saber, que la primera puede declararse en cualquier tiempo y afecta a la totalidad del acto (sobre esto último véase también el epígrafe del principio de conservación del acto administrativo).

En cuanto a la llamada "imprescriptibilidad" de la nulidad absoluta, la consagra el artículo 83, al disponer que la Administración Pública puede "en cualquier momento" reconocer la nulidad absoluta de los actos dictados por ella, sea de oficio o a instancia parte. El precepto se basa claramente en el artículo 93 del Proyecto de 1965, y este a su vez, se asemeja al artículo 109 de la LPA, aunque lógicamente sin la referencia al dictamen del Consejo de Estado.

No obstante, hay una diferencia semántica que luce importante. La LOPA dispone que se "reconoce" la nulidad absoluta, en lugar del verbo original empleado en el Proyecto de 1965 y en la LPA, que es "declarar". Y tiene su trascendencia si se le vincula con el hecho de que otro de los efectos que se predican de la nulidad absoluta es que su decisión es meramente declarativa y con efectos retroactivos[93]. La ley venezolana vigente parece pues, acoger con mayor énfasis esa consecuencia jurídica al haberse apartado puntualmente de la redacción original.

Adicionalmente, hay otra divergencia de importancia. La LOPA no recoge el artículo siguiente del Proyecto de 1965, a saber, el artí-

---

No ha sido ese el criterio de la jurisprudencia, como puede verse en BALASSO TEJERA, *Jurisprudencia sobre los actos administrativos...*, pp. 811-842, pero hay que tomar en cuenta que la LOPA no recogió el contenido del artículo 94 del Proyecto de 1965.

93 Así por ejemplo: ARAUJO JUÁREZ, José: *Tratado de Derecho Administrativo General y Comparado...*, Volumen 3..., CIDEP. Caracas, 2024, 252; BREWER-CARÍAS: *Tratado de Derecho Administrativo...*,Volumen III, p. 389;

culo 94, que establecía que, salvo la ya referida declaración ("reconocimiento" en términos de la LOPA) de nulidad absoluta de actos administrativos, la Administración no podía anular de oficio sus propios actos cuando fuesen declarativos o constitutivos de derechos a favor de particulares y hubieren quedado definitivamente firmes.

La regla se deriva implícitamente de los términos en que se consagra la potestad revocatoria de actos administrativos, como se vio, pero lo cierto es que ya el Proyecto regulaba la revocación de manera similar a nuestra LOPA y aun así consagraba esa regla, tuitiva de los derechos e intereses del particular. Así pues, quizá debió mantenerse.

Ello, además, porque el artículo 83 de la LOPA distingue claramente entre la potestad para reconocer las nulidades absolutas de los actos administrativos de la potestad revocatoria del artículo previo. Potestad esta última que, incluso, no tiene que estar supeditada a la existencia de vicio o irregularidad alguna en el acto que se pretende revisar. De allí que se señaló en epígrafes precedentes algunas otras consecuencias en lo que se refiere a la posibilidad de distinguir entre revocación y anulación. Distinción que, quizá, estaba más clara y explícita en el Proyecto que en la Ley vigente.

Queda un último aspecto fundamental en lo que se refiere al tratamiento de las potestades de autotutela revisora de los actos administrativos, aunque hay otros que no serán abordados porque no presentan mayores discrepancias entre la LOPA y el Proyecto de 1965. Es el de la corrección de tales actos.

1.4. La corrección de errores materiales o numéricos

Esta potestad revisora no es una consecuencia de vicio alguno, sea de nulidad absoluta, relativa, o siquiera de uno que carezca de trascendencia invalidante[94]. Se trata, como su nombre lo indica,

---

[94] Sobre estos últimos vicios, también llamados vicios intrascendentes, puede verse, entre otros: HERNÁNDEZ-MENDIBLE, *Estudio jurisprudencial...*, pp. 149-171.

de meras correcciones de errores en la transcripción o configuración del texto del acto. Esa precisión luce pertinente porque, justamente, en lo poco que se aparta el artículo 84 de la LOPA respecto de su antecedente, el artículo 95 del Proyecto de 1965, le aporta énfasis a esa distinción a veces sutil.

En efecto, el precepto vigente le otorga al órgano administrativo la potestad para, en cualquier tiempo "...corregir errores materiales o de cálculo en que hubiere incurrido en la configuración de los actos administrativos", en tanto que la redacción de su equivalente en el Proyecto de 1965 describía tal corrección como de "...errores materiales, de hecho o de cálculo en que hubiere incurrido en los actos administrativos".

Luce más precisa la redacción vigente, toda vez que se contrae a la corrección de errores que están en el texto del acto administrativo y que se han producido en su elaboración. No deben reflejar, por tanto, errores de actos previos surgidos con ocasión de la sustanciación del procedimiento administrativo que pudieran lugar a vicios en estos[95].

Así pues, la supresión de la referencia al término "errores de hecho" parece adecuada, sobre todo para evitar confusiones con otro término jurídico quizá ya superado en otras ramas. A saber, el "error de hecho" que vicia el consentimiento en los negocios jurídicos[96] o impide la aparición de la responsabilidad penal en algunas conductas que, objetivamente, pudieran haber resultado delictivas (aunque más modernamente se opta por el término "error de tipo").

---

95 Además de la bibliografía general ya citada, puede verse sobre el punto, entre otros: RUBIO CALDERA, Fanny: *La potestad correctiva de la Administración Pública (artículo 84 de la Ley Orgánica de Procedimientos Administrativos)*. EJV-UCAT. Caracas, 2004.

96 Véase entre otros: DOMÍNGUILEZ GUILLÉN, María Candelaria: *Curso de. Derecho Civil III. Obligaciones*. RVLJ C.A. Caracas, 2017, pp. 497-498, así como la bibliografía allí citada.

En el caso de los actos administrativos, la expresión "error de hecho" podría haber dado lugar además a confusiones con el falso supuesto de hecho, elemento configurador de vicios de nulidad relativa que –claramente– no puede ser "corregido" en un acto administrativo posterior a aquel o aquellos actos previos en que presentó.

Es de hacer notar que el artículo 111 de la LPA se refiere también a los "errores de hecho", pero, al estar precedida tal expresión de la referencia a los errores materiales seguida de la conjunción "y", parece quedar claro que tal instrumento legal asimila ambos conceptos, en cuanto a su susceptibilidad de "rectificarse"[97]. Nuestro Proyecto de 1965 optaba por enunciar los diversos supuestos separados por comas, en un contexto en que podía interpretarse que se trataba de una enumeración de tres supuestos distintos: errores materiales, de hecho o de cálculo.

Así pues, en este asunto la redacción de nuestra LOPA nos resulta más precisa, y por tanto, menos problemática.

2. Los recursos administrativos
2.1. Premisa: del recurso de reconsideración o jerárquico (alternativos) en el Proyecto de 1965 al recurso de reconsideración y jerárquico (acumulativos) en la LOPA. Implicaciones.

En este subepígrafe se abordarán los asuntos a tratar partiendo de una aproximación distinta. Se iniciará con el estudio de la diversidad de enfoques que le dan el Proyecto de 1965 y la LOPA a los objetos de los recursos administrativos ordinarios (reconsideración, jerárquico y "jerárquico impropio"), para luego revisar com-

---

97 Así parece corroborarlo la tesis interpretativa que asimila esta referencia al error de hecho con el error material, formulada respecto a una norma posterior pero con redacción equivalente a la de la LPA de 1958 en el caso español (SOCÍAS CAMACHO, Joana J.: *Error material, error de hecho y error de derecho. Concepto y mecanismos de corrección*. Revista de Administración Pública Núm. 157. CEPC. Madrid, 2002, pp. 157-211).

parativamente algunas de las otras disposiciones que los regulan, en el orden establecido por la LOPA.

La justificación de este cambio estriba en que la LOPA se apartó deliberadamente del Proyecto de 1965 en quizá lo que era más crucial en todo el tema de los recursos administrativos. Y para ver la importancia de esa decisión legislativa resulta didáctico partir del modelo teórico general que traía el Proyecto de 1965 en cuanto a la configuración de los recursos ordinarios con el fin de contrastarlo con lo que se plasmó en la LOPA. Luego de ello, se retomará el enfoque que ha prevalecido en estas páginas, esto es, ir comentando las disposiciones de la LOPA en el orden secuencial de los Títulos, Capítulos, Secciones y artículos contenido en su texto, siempre que haya divergencias relevantes entre los antecedentes de la LOPA y su texto vigente.

A continuación se aborda entonces la diferencia en el tratamiento del objeto y condiciones de procedencia de los recursos administrativos ordinarios en el Proyecto de 1965 y su contraste con ese mismo régimen en la LOPA.

El artículo 101 del proyecto de 1965 dispuso, como regla general, la procedencia de la interposición del recurso administrativo jerárquico frente a todo acto administrativo dictado por un órgano administrativo subalterno que no pusiera fin a la vía administrativa, en caso de que el interesado optara por su impugnación. Y esos órganos subalternos eran, según la redacción del precepto, los Directores Generales de los ministerios, así como los titulares de los órganos a su vez subalternos de estos. Recurso que se interpondría ante el mismo órgano que hubiera dictado el acto o ante su superior, pero que sería sustanciado y decidido por el superior inmediato (artículo 104 *eiusdem*).

El ejercicio de ese recurso y su resolución, de forma expresa o mediante la invocación de los efectos del silencio administrativo negativo en caso de que no fuera resuelto oportunamente, agotaba la vía administrativa. Es decir, permitía obtener un acto que "causara estado" a los fines de su cuestionamiento ante la jurisdicción contencioso-administrativa (artículos 102 y 106 *eiusdem*).

A su vez, el artículo 107 preveía el recurso de reconsideración. Este podía intentarse (según la exposición de motivos era optativo y así parece indicarlo la redacción del precepto)[98] frente a los actos respecto a los que no procediera el recurso jerárquico. Es decir, por exclusión, tenía por objeto toda resolución administrativa que no fuera dictada por un órgano subalterno de los mencionados en el artículo 101, o bien, que pusiera fin a la vía administrativa.

Cabe deducir entonces que el recurso de reconsideración básicamente procedía frente a los actos dictados por los Ministros en el caso del nivel nacional de la Administración Central, o por otros órganos administrativos que no tuvieran superior jerárquico o cuya decisión agotara la vía administrativa por mandato legal expreso[99].

Agotado el recurso de reconsideración o el jerárquico, según los supuestos de procedencia de cada uno, quedaba abierta la vía contencioso-administrativa (artículo 106 y 110 *eiusdem*).

En contraste, la LOPA establece la *necesaria interposición sucesiva de los dos recursos*, reconsideración y jerárquico (artículos 92 y 93), como regla general, salvo que el acto impugnado haya sido dictado por un Ministro o no resulte susceptible de revisión en vía administrativa por así disponerlo norma legal expresa. En tal hipótesis, el recurso de reconsideración se considera optativo.

---

[98] Señala la exposición de motivos que el recurso de reconsideración, además de ser optativo, procede respecto a decisiones que pongan fin a la vía administrativa (BREWER-CARÍAS, *El procedimiento administrativo en Venezuela...*, pp. 32-33)

[99] Cabe inferir que, de acuerdo con la evolución de las estructuras organizativas de los diversos niveles de las Administraciones Públicas, la norma comentada, concebida en 1965 para su aplicación directa a la Administración Pública Nacional Central y supletoria respecto la descentralizada funcionalmente, con posterioridad habría tenido que sufrir cambios para mantener su adecuación y precisión.

Por tanto, en el sistema legal instaurado a partir de la entrada en vigencia de ese instrumento legal en 1982, la vía administrativa impugnatoria estaba integrada, en caso de que las peticiones del particular no fueran acogidas, por *la preceptiva y sucesiva tramitación de dos recursos administrativos que debían ser interpuestos y resueltos*, bien expresamente o bien mediante la consumación de la ficción del silencio administrativo negativo. Solo luego de ello podía acudirse a las instancias judiciales

De tal forma, que, hasta la eliminación de la obligatoriedad del agotamiento de la vía administrativa como requisito previo al acceso a la vía judicial –que se produjo de forma por demás discutible mediante decisiones judiciales y luego por un medio usual, a saber, a través de norma legal expresa– [100], para poder ejercer el derecho constitucional a la tutela judicial efectiva ante la Justicia Administrativa, como regla general había que interponer:

Primero, el recurso de reconsideración ante el mismo órgano que había dictado el acto definitivo en el procedimiento administrativo de primer grado (artículo 94 de la LOPA), así como esperar su resolución. En caso de que esta fuera desestimatoria o no se dictara oportunamente, decidir en el último caso si invocar o no los efectos de la figura del silencio administrativo negativo. Y segundo: hacer lo propio pero esta vez respecto al recurso jerárquico ante la instancia administrativa superior del órgano (artículo 95 *eiusdem*)[101].

---

100 La derogación de la condición suspensiva originalmente establecida en una disposición transitoria para la entrada en vigencia del artículo 7.9 de la Ley Orgánica de la Administración Pública, que se produjo con la reforma de tal ley (Decreto Núm. 6.217 del 15/07/08 con rango, valor y fuerza de Ley Orgánica de la Administración Pública, G.O. Extraordinaria Núm. 5.890 del 31/07/08). Véanse los antecedentes en: TORREALBA SÁNCHEZ, *Manual de Contencioso Administrativo...*, pp. 222-233,

101 Cfr. sobre este tema, entre otros: ARAUJO-JUÁREZ, *Derecho Administrativo General. Procedimiento y recurso administrativo...*, pp. 400-448; TROCONIS TORRES, Andrés: *Los recursos administrativos (LOPA). Tratamiento legislativo y jurisprudencial*. En: Actualización en procedi-

Lo anterior, además, obviando la posibilidad de tener que agotar, en ciertos supuestos, un tercer recurso, el conocido como "jerárquico impropio"[102], en la hipótesis de actos administrativos dictados por los entes públicos con la personificación más usual empleada en la descentralización funcional (los Institutos Autónomos, artículo 96 *eiusdem*)[103].

Esas eran, pues, las reglas generales de la LOPA, radicalmente distintas de las del Proyecto de 1965. A saber, verse obligado el particular a interponer acumulativamente dos recursos –y a veces tres–, en caso de que la Administración Pública decidiera no modificar su previa decisión dictada en el procedimiento de primer grado o de formación del acto administrativo, salvo disposición en contrario en alguna norma especial.

Por tanto, la polémica surgida en su momento respecto a la constitucionalidad de tal diseño legal a la luz del derecho a la tutela judicial efectiva, que imponía preceptivamente que el acto administrativo hubiera "causado estado" antes de poder hacer uso de los medios de defensa judiciales ordinarios frente a él, se plan-

---

miento administrativo. FUNEDA. Caracas, 2007, pp. 151-154.
102 Denominación controversial en la doctrina (Cfr. por ejemplo: ARAUJO-JUÁREZ, *Derecho Administrativo General. Procedimiento y recurso administrativo...*, p. 448).
103 Sobre este asunto pueden verse, entre otros: CABALLERO ORTIZ, Jesús: *El recurso jerárquico impropio en la Ley Orgánica de Procedimientos Administrativos*. En: INSTITUTO DE DERECHO PÚBLICO. Archivo de Derecho Público y Ciencias de la Administración. Vol. IV-1980-1981. UCV-FCJP. Caracas, 1983, pp. 157-177; CARRILLO ARTILES, Carlos Luis: *El redimensionamiento del recurso jerárquico impropio en Venezuela*. En: PARRA ARANGUREN, F. (Edit.): Temas de Derecho Administrativo. Libro homenaje a Gonzalo Pérez Luciani. Vol. I. Tribunal Supremo de Justicia. Caracas, 2002, pp. 413-436, FARÍAS MATA, *op. cit.*, p. 295.

teó con especial necesidad en el caso del Derecho Administrativo venezolano[104].

Cabe preguntarse entonces cómo hubiera tenido lugar la evolución doctrinal y legal de esa controversia de haberse mantenido el diseño legal alterno que contenía el Proyecto de 1965. Diseño que imponía menos requisitos al particular para agotar la vía administrativa, al establecer el necesario agotamiento únicamente del recurso jerárquico si este procedía, así como permitir la interposición facultativa del recurso de reconsideración[105] –no de dos recursos, y mucho menos de tres en algunas hipótesis, como regula la LOPA–. Y que, por tanto, permitía un más fácil y menos engorroso acceso a las instancias jurisdiccionales por su mayor sencillez y celeridad[106]. Pero ya es un asunto superado.

---

[104] Cfr. entre otros: TORREALBA SÁNCHEZ, *Manual de Contencioso Administrativo...*, pp. 222-233, así como la bibliografía allí citada. Más recientemente: TROCONIS TORRES, *op. cit.*, pp. 95-131; PELLEGRINO PACERA, Cosimina G.: *La regulación general de los recursos administrativos en el sistema venezolano*. En: HERNÁNDEZ-MENDIBLE, V. (Coord.): Derecho Administrativo Iberoamericano. 100 autores en homenaje al postrado de Derecho Administrativo de la Universidad Católica Andrés Bello. Tomo II. Ediciones Paredes, Caracas, 2007, pp. 1.046-1.050; HERNÁNDEZ-MENDIBLE, *Los procedimientos...*, 122-124; HERNÁNDEZ-MENDIBLE, *Tendencias...*, pp. 566-567; HERRERA ORELLANA, Luis Alfonso: *¿Se justifican los recursos administrativos previstos en la legislación venezolana? Una aproximación al problema desde la metodología de costos y beneficios*. En: HERNÁNDEZ, J.I. (Coord.): Libro Homenaje a las Instituciones Fundamentales del Derecho Administrativo y la Jurisprudencia Venezolana del profesor Allan R. Brewer-Carías en el cincuenta aniversario de su publicación 1964-2014. EJV. Caracas, 2015, pp. 291-308.

[105] Cfr.: BREWER-CARÍAS, *El procedimiento administrativo en Venezuela...*, p. 32.

[106] Incluso, hay propuestas doctrinales que plantean, de *lege ferenda,* como medio de simplificar la vía administrativa recursiva, el establecimiento de uno, y no dos, recursos administrativos (ARAUJO-JUÁREZ, *Derecho Administrativo General. Procedimiento y recurso administrativo...*, p. 415), de forma similar a las previsiones del Proyecto de 1965. Véase también: CANÓNICO SARABIA, Alejandro: *Propuesta de modificación de la Ley de procedimientos administrativos con relación a la revisión de los*

Señalado esto, pasa a retomarse el orden secuencial del articulado de la LOPA.

2.2. Disposiciones generales
2.2.1. Actos administrativos recurribles

Inicia la Sección Primera "Disposiciones generales" del Capítulo II "De los recursos administrativos" del Título IV de la LOPA, con el artículo 85. El precepto recoge con ligeras variaciones el texto del artículo 96 del Proyecto de 1965. Se establece la posibilidad de recurrir de los actos administrativos definitivos como regla general, es decir, los que ponen fin a un procedimiento, así como los supuestos excepcionales en los que puede también recurrirse contra un acto administrativo no definitivo o de trámite[107].

Las divergencias se encuentran más bien con su equivalente español, que es el artículo 113.1., que establecía también la regla de que el acto administrativo que pone fin a un procedimiento es el susceptible de ser recurrido, y excepcionalmente los actos de trámite "...que determinen la imposibilidad de continuar un procedimiento o produzcan indefensión". Se trata de dos hipótesis frente a las tres que consagran tanto el Proyecto de 1965 como la LOPA, pues en los últimos se incluye el acto de trámite que prejuzgue como definitivo. No obstante, una interpretación amplia y sistemática lleva a admitir que ese último supuesto puede entenderse como implícitamente encuadrado en la categoría de los actos de trámite que causan indefensión.

---

actos administrativos. Boletín Electrónico de Derecho Administrativo de la Universidad Católica Andrés Bello. Número Especial II Jornadas de Derecho Administrativo "José Araujo Juárez". Caracas, 2017, pp. 100-116. http://w2.ucab.edu.ve/tl_files/POSTGRADO/Publicaciones/Boletin%20Derecho%20Administrativo/008%20-%20Revision%20de%20los%20Actos%20Administrativos...%20Canonico%20BEDA%20ESPECIAL.pdf.

107 Sobre los actos administrativos de trámite y su control administrativo y judicial puede verse, además de la bibliografía general: PÉREZ SALAZAR, Gonzalo: *Los actos de trámite en el procedimiento administrativo y su impugnación*. Revista de Derecho Núm. 26. TSJ. Caracas, 2008, pp. 29-129.

2.2.2. Requisitos formales del escrito del recurso

Seguidamente, el artículo 86 de la LOPA regula los requisitos formales del escrito del recurso. En ese sentido, se aparta del texto del artículo 97 del Proyecto de 1965, precepto que enumeraba tales requerimientos, y más bien sustituye tal enunciación por el reenvío a las exigencias contenidas en el artículo 49. Dispositivo que, a su vez, enumera los requisitos de toda solicitud destinada a dar inicio a un procedimiento administrativo.

Esa solución contribuye a darle mayor concisión al texto legal, pero no parece tomar en cuenta que no son idénticos la naturaleza ni el propósito de una solicitud que inicia un procedimiento de primer grado que los de un recurso administrativo en el que se impugna un acto previo. Así por ejemplo, el reenvío no contempla la necesaria exigencia de identificar claramente al acto que se recurre y las razones en que se funda, previsiones que sí estaban expresamente contempladas, tanto en el artículo 97 del Proyecto de 1965 como en su equivalente, el artículo 114.1.b de la LPA.

No obstante, puede sostenerse que el artículo 49.4 de la LOPA, al requerir que el documento contentivo del escrito contenga "...los hechos, razones y pedimentos correspondientes, expresando con toda claridad la materia objeto de la solicitud", implícitamente alude a la exigencia de que el recurso administrativo debe incluir la referencia a su objeto, esto es, la identificación del acto que se recurre, así como las razones por las que se impugnación.

Se trata, además, de la tesis interpretativa más lógica, al punto de que la omisión expresa de tal mención en la LOPA no ha impedido que en la práctica forense esta se cumpla.

2.2.3. Inadmisión del recurso

El mismo artículo 86 de la LOPA, luego de reproducir la regla de que el error en la calificación del recurso por quien lo interpone no debe obstaculizar su tramitación si se deduce su verdadero carácter (principio del informalismo), que se encontraba en el artículo 97 del Proyecto de 1965 y en el artículo 114.2 de la LPA, agrega un mandato que no estaba en su antecedente. Y este consiste en que la falta de cumplimiento de los requisitos determina su inadmisión, que debe motivarse y notificarse al interesado.

Se trata de un detalle importante, por cuanto, si bien puede entenderse como un efecto lógico de la regulación, no está de más que una consecuencia de tal envergadura esté expresamente prevista, evitando así controversias interpretativas.

2.2.4. Ejecutividad y suspensión de efectos del acto recurrido

Por su parte, el artículo 87 de la LOPA, que se basa claramente en el artículo 90 del Proyecto de 1965 aunque con una redacción menos técnica, reafirma implícitamente el carácter de título ejecutivo del acto administrativo, también en lo que se refiere a que la interposición de recursos no suspenden su ejecución salvo disposición legal en contrario.

Seguidamente, el mismo precepto regula la medida preventiva de suspensión de los efectos del acto administrativo que se impugna, y se aparta puntualmente de la redacción de su modelo original, el artículo 98 del Proyecto de 1965. Lo anterior, toda vez que el dispositivo de la LOPA consagra la obligatoriedad de exigir la constitución de caución previa, en tanto en el Proyecto quedaba a la discrecionalidad del órgano administrativo ("si lo estima conveniente") exigir o no tal caución, según las circunstancias del caso[108].

2.2.5. Exhaustividad de la decisión

La última peculiaridad importante de la LOPA en esta Sección se refiere a la regulación del principio de globalidad o exhaustividad de la decisión, recogida en su artículo 89. Más allá de las diferencias formales de redacción de este precepto con su antecedente,

---

[108] Curiosamente, el artículo 116 de la LPA, por su parte, al regular la potestad de acordar la medida de suspensión de efectos ante la interposición de un recurso administrativo, no hace referencia a caución alguna.

a saber, el artículo 100 del Proyecto de 1965, en el primero se suprimió la oración final del primer dispositivo.

En ese sentido, con redacciones no idénticas, ambas disposiciones estipulan que el órgano administrativo debe decidir todos los asuntos y cuestiones de hecho y de derecho que se planteen con motivo de la interposición del recurso, con independencia de que hayan sido o no alegadas por las partes. Se aparta pues, el procedimiento administrativo, del principio dispositivo imperante en algunas ramas del Derecho Procesal. Al menos, como premisa general.

Sin embargo, tanto el artículo 100 del Proyecto de 1965 como su equivalente, el artículo 119 de la LPA, señalaban en la parte final, luego de consagrar la regla ya descrita, que si el asunto o cuestión a resolver no había sido alegado por quienes habían intervenido en el procedimiento administrativo, es decir, si está siendo considerado de oficio por el órgano administrativo, hay una importante consecuencia. A saber, en tal caso debe oírse previamente a los interesados.

Eso significa que deberá hacerse del conocimiento de los interesados que hay un asunto que la Administración Pública considera relevante para tomar su decisión y sobre el que se pronunciará en el acto administrativo definitivo, concediéndoles un lapso prudencial para que, también en este aspecto, puedan ejercer su garantía del Debido Proceso alegando y probando lo que consideren conducente.

Al haberse suprimido esa regulación, la LOPA prescinde entonces de una importante garantía que se otorgaba al particular, abonando así uno de los argumentos que plantea un sector de la doctrina para sostener la prohibición de *reformatio in peius* (reforma peyorativa) en los recursos administrativos[109]. Si en cambio, se

---

109 Véase, entre otros: CANÓNICO SARABIA, op. cit, p. 118, y del mismo autor: *La no reformatio in peius en los recursos administrativos*. En: CANÓNICO SARABIA, A. (Coord.): Visión actual de los procedimientos ad-

hubiera mantenido la redacción original, luce de mayor dificultad sostener que, incluso ante el otorgamiento de las amplias potestades que tiene la Administración Pública para confirmar, modificar o revocar el acto recurrido, esta debe abstenerse de variar el acto administrativo en el sentido de que resulte aún más desfavorablemente afectados los derechos o intereses del recurrente, pues en caso contrario causaría indefensión.

2.3. Los recursos de reconsideración y jerárquico

En cuanto a la regulación específica de los recursos administrativos ordinarios (reconsideración, jerárquico y "jerárquico impropio") distinta a la ya comentada, en lo referente a lapsos de interposición y decisión, silencio administrativo negativo y potestades del órgano decisor, los cambios de la LOPA respecto al Proyecto de 1965 son formales, no sustanciales.

Modificaciones, además, producto de la ya vista diversidad de enfoques en cuanto a los supuestos de alternancia o concurrencia del deber de interposición de los recursos. Lo anterior, al haberse apartado –en esto sí sustancialmente– la LOPA del modelo original, al establecer el necesario agotamiento sucesivo de dos recursos, o incluso de tres, en las hipótesis del recurso jerárquico impropio.

En cambio, como ya se destacó, el Proyecto de 1965 contemplaba ámbitos de aplicación distintos y excluyentes para el recurso de reconsideración y el jerárquico. Por ello, la resolución de cada recurso o el vencimiento del plazo para ello sin la notificación de tal decisión, con el consiguiente surgimiento del silencio adminis-

ministrativos. III Congreso Internacional de Derecho Administrativo, Margarita, 2011. EJV-CAJO. Caracas, 2011, pp. 313-332. Por nuestra parte, nos inclinamos por la posición más matizada de ARAUJO-JUÁREZ, *Derecho Administrativo General. Procedimiento y recurso administrativo...*, p. 437, en el sentido de entender que el artículo 89 de la LOPA, si bien le otorga potestades a la Administración Pública para confirmar un acto administrativo recurrido por motivos distintos de los alegados por los interesados, ello no le permite llegar a sustituir el acto recurrido por otro totalmente distinto que perjudique aún más los derechos o intereses del recurrente.

trativo negativo, agotaba la vía administrativa a los fines de poder acudir a la jurisdiccional, de acuerdo con los artículos 106 y 110 del Proyecto de 1965.

2.4. El recurso de revisión

En cuanto a este recurso (extraordinario dado que procede contra actos administrativos firmes así como también tomando en cuenta la taxatividad y excepcionalidad de sus causales de interposición)[110], apenas hay cambios en la regulación contenida en los artículos 97 al 99 de la LOPA respecto a sus equivalentes artículos 111 y 112 del Proyecto de 1965.

En efecto, se mantienen sus supuestos de procedencia y sus plazos de interposición. La única diferencia de cierta magnitud es que el artículo 97.1° de la LOPA se refiere como primera causa a la aparición de pruebas esenciales para la resolución del asunto que no estuvieran disponibles durante la tramitación del expediente (rectius: sustanciación del procedimiento), mientras que el artículo 111.1° del Proyecto de 1965 aludía a documentos de valor esencial desconocidos durante esa tramitación.

Es claro que la LOPA amplía el supuesto al referirse a pruebas en general, es decir, a lo que la mayoría de la doctrina procesalista categoriza como medios de prueba, no limitándose a las documentales. Y enfatiza la ampliación de tal hipótesis al señalar que basta con que tales pruebas no estén disponibles, supuesto más amplio que el desconocimiento, dado que implica que podían incluso ser conocidas pero se mantenían fuera de disponibilidad.

Piénsese, por ejemplo, en un medio probatorio que se encuentre en un lugar inaccesible para las partes y también para la misma Administración Pública por no estar bajo la jurisdicción estatal, o por estar protegida su divulgación por un régimen de confidencialidad basado en valores jurídicamente relevantes (seguridad del Estado, protección a la intimidad, etc.).

---

110 Véase: BREWER-CARÍAS, *El procedimiento administrativo en Venezuela...*, p. 31.

En cambio, es claro que el desconocimiento de la existencia de un medio probatorio determina su indisponibilidad fáctica. Así pues, el supuesto normativo del Proyecto de 1965 era más limitado que el de la Ley vigente.

El último aporte que hace la LOPA al recurso extraordinario de revisión es que le da un plazo de decisión en su artículo 99, lo que omitía el Proyecto de 1965 así como la LPA.

REFLEXIÓN FINAL[111]

A diferencia de lo que parece apuntar un sector de la doctrina[112], el ejercicio comparativo realizado en estas páginas evidencia la afortunada evolución y tendencia del Derecho Administrativo, y dentro de él, del Derecho Administrativo Formal, desde hace más de medio siglo en nuestro país. Disciplina destinada a encauzar el ejercicio de la función administrativa y de la relación jurídico-administrativa en el principio de juridicidad, así como a facilitar mayores cotas de eficacia y eficiencia por parte del actuar de la Administración. Pero, también, a dotar a la persona de más y mejores garantías y medios de defensa de sus derechos e intereses frente a esa misma Administración Pública.

En ese sentido, la iniciativa de elaborar un texto que llegó a ser un Proyecto de ley procedimental administrativa, y que ulteriormente sirvió de base a la aún vigente Ley Orgánica de Procedimientos Administrativos, comprueba el estadio de desarrollo alcanzado desde una época no tan reciente por nuestro objeto de estudio.

Tal propuesta se nutrió, en primer término, de la jurisprudencia contencioso-administrativa venezolana del siglo pasado, como señala uno de sus coautores. Pero también se enmarcó en las mejores concepciones doctrinales de la época, así como tomó en cuenta el, para entonces, único instrumento legal que regulaba la materia en el contexto iberoamericano, a saber, la Ley sobre Procedimiento

---

111 Este texto tiene su origen en: TORREALBA SÁNCHEZ, *Una mirada retrospectiva...*, p. 204.

112 HERRERA ORELLANA, Luis Alfonso: *Bases filosóficas del estudio y la enseñanza del Derecho Administrativo en Venezuela (1909-2009)*. En: AA.VV.: 100 Años de la Enseñanza del Derecho Administrativo en Venezuela. UCV-Centro de Estudios de Derecho Público de la UMA-FUNEDA. Caracas, 2011, pp. 55-96.

Administrativo española de 1958. De allí que su resultado no podía ser otro que el de combinar de forma adecuada –tomando en cuenta su marco histórico- el régimen formal de la actividad administrativa procedimental con la salvaguarda de la esfera jurídica del particular que interviene o resulta afectado en esta[113].

Muestra de ello, los resultados obtenidos en esta comparación del texto original del Proyecto de 1965 con la ley vigente desde 1981. En algunos casos, luciendo más idóneo el modelo que su resultado evolutivo, y en otros al contrario, sin que ello implique un juicio de valor abstracto y conclusivo. Y no podía ser de otra manera, pues, tanto las posiciones doctrinarias como las propuestas normativas y los criterios jurisprudenciales, deben verse bajo el prisma del contexto en que surgieron.

En todo caso, sí es de notar que el Proyecto, producto de la elaboración reflexiva de tres expertos en el área, con sus fortalezas y debilidades (muchas más las primeras que la segundas), presentaba una gran coherencia interna. En su lugar, algunos de los cambios sobrevenidos resultado de múltiples iniciativas individuales –incluso casi hasta el último momento- al texto de lo que resultó la LOPA, justamente por eso no siempre contribuyeron a mantener esa consistencia. De allí que a veces arrojaron un resultado desfavorable en cuanto a la correcta aplicación de la ley en sus primeros tiempos de vigencia. Hubo, incluso, que esperar a que la doctrina y jurisprudencia fueran resolviendo ciertos problemas interpretativos.

En cuanto a la LPA de 1958, su presencia se denota en una suerte de marco inspirador de los textos venezolanos. En algunos casos, reflejándose marcadamente en categorías o incluso secciones enteras de los textos. En otros, su influjo es más tenue, producto de que los proyectistas de 1965 optaron por la sobriedad y parquedad

---

[113] Pueden verse, además, las referencias en la exposición de motivos del Proyecto de 1965 en BREWER-CARÍAS, *El procedimiento administrativo en Venezuela...*, pp. 18-19. Curiosamente, ese texto es precursor en emplear el término: "buena administración".

normativa, o bien en razón de haberse decidido a adoptar soluciones más autóctonas –basadas en la jurisprudencia nacional- probablemente en procura de la mejor adaptación a la realidad de la Administración Pública venezolana. Pero sin duda que la LOPA se enmarca en las tendencias del procedimiento administrativo iberoamericano, por lo que forma parte de la "familia" que fue surgiendo a partir del tronco común de la regulación procedimental española.

Contrasta, en todo caso, tanto la iniciativa originaria como su producto final, en lo que concierne al régimen general del procedimiento administrativo venezolano. Ello, si se le compara con la desafortunada involución que ha sufrido nuestro Derecho Administrativo en su aplicación práctica en las últimas dos décadas, no así en sus concepciones teóricas ni en sus estudios doctrinales. Y ni siquiera en su marco legislativo, pues, tanto la Ley Orgánica de la Administración Pública como la Ley de simplificación de trámites administrativos, partiendo del marco constitucional de 1999, aportaron nuevos y más altos niveles de protección teórica a los derechos de las personas en sus relaciones con la Administración Pública.

Por ende, quedará, tanto el texto de la propuesta de 1965 como el de la Ley vigente, entre los muchos testimonios del avance que alcanzó el Derecho Administrativo venezolano en la segunda mitad del siglo XX. Y, a su vez, como insumo a tomar en cuenta cuando llegue el momento de recuperar y proseguir la senda de mejora y puesta al día del ordenamiento jurídico-administrativo en nuestro medio, para lo cual habrá de contarse con un Estado de Derecho. Ojalá la reseña de esos textos en clave comparativa contenida en estas páginas pueda contribuir, siquiera mínimamente, con tales propósitos. Y es que, para afrontar al futuro con certeza hay que conocer el pasado del que se viene.

# III. MATRICES COMPARATIVAS LOPA, PROYECTO DE 1965 Y LPA

I. Título I Disposiciones Fundamentales, Capítulo I Disposiciones Generales

	LOPA Venezuela	Proyecto ley	LPA 1958
Ámbito de aplicación	**Artículo 1.** La Administración Pública Nacional y la Administración Pública Descentralizada, integradas en la forma prevista en sus respectivas leyes orgánicas, ajustarán su actividad a las prescripciones de la presente ley. Las administraciones Estadales y Municipales, la Contraloría General de la República y la Fiscalía General de la República, ajustarán igualmente sus actividades a la presente ley, en cuanto les sea aplicable.	**Artículo 1.** La Administración Pública Nacional ajustará su actuación a las prescripciones de la presente Ley, las cuales serán supletorias de las normas que rigen el procedimiento administrativo de los entes descentralizados. Los procedimientos previstos en esta ley serán de obligatoria observancia cuando no hubiere alguno especialmente señalado por Ley.	**Artículo 1.1** La Administración del Estado ajustará su actuación a las prescripciones de esta Ley. **Artículo 1.4** Esta Ley será supletoria de las normas que regulan el procedimiento administrativo de las Corporaciones Locales y de los Organismos autónomos.

	LOPA Venezuela	Proyecto ley	LPA 1958
Derecho de petición.	**Artículo 2.** Toda persona interesada podrá, por sí o por medio de su representante, dirigir instancias o peticiones a cualquier organismo, entidad o autoridad administrativa. Estos deberán resolver las instancias o peticiones que se les dirijan o bien declarar, en su caso, los motivos que tuvieren para no hacerlo.	**Artículo 21.** Toda persona natural o jurídica podrá dirigir instancias o peticiones a cualquier organismo, entidad o autoridad administrativa. Estos deberán resolver las instancias o peticiones que se les dirijan siempre que sean formuladas por personas directamente interesadas o bien declarar, en su caso, los motivos que hubiere para no hacerlo.	**Artículo 70.1** Toda persona, natural o jurídica, podrá dirigir instancias y peticiones a las Autoridades y Organismos de la Administración del Estado en materia de su competencia. **Artículo 70.2** Las citadas Autoridades y Organismos están obligados a resolver las instancias que se les dirijan por las personas directamente interesadas o declarar, en su caso, los motivos de no hacerlo. **Artículo 70.3** Cuando se trate de una mera petición graciable, la Administración sólo vendrá obligada a acusar recibo de la misma.

	LOPA Venezuela	Proyecto ley	LPA 1958
Responsabilidad de los funcionarios y recurso de reclamo.	**Artículo 3.** Los funcionarios y demás personas que presten servicios en la administración pública, están en la obligación de tramitar los asuntos cuyo conocimiento les corresponda y son responsables por las faltas en que incurran.

Los interesados podrán reclamar, ante el superior jerárquico inmediato, del retardo, omisión, distorsión o incumplimiento de cualquier procedimiento, trámite o plazo, en que incurrieren los funcionarios responsables del asunto.

Este reclamo deberá interponerse en forma escrita y razonada y será | **Artículo 3.** Los funcionarios y demás personas que presten servicio a la administración pública serán responsables de la tramitación de los asuntos cuyo conocimiento les corresponda.

Los interesados podrán reclamar ante el superior jerárquico del funcionario responsable, de la tramitación de algún procedimiento, o bien la omisión de trámites esenciales.

La reclamación no acarreará la paralización del procedimiento, sin perjuicio de que sean subsanadas las fallas u omisiones y dará lugar a la imposición de las | **Artículo 77.1** En todo momento podrá reclamarse en queja contra los defectos de tramitación y en especial los que supongan paralización, infracción de los plazos preceptivamente señalados u omisión de trámites que puedan subsanarse antes de la resolución definitiva del asunto.

Artículo 77.2 La queja se elevará al superior jerárquico de la autoridad o funcionario que se presuma responsable de la infracción o falta citandose el precepto infringido y acompañándose copia simple del |

	LOPA Venezuela	Proyecto ley	LPA 1958
Responsabilidad de los funcionarios y recurso de reclamo.	resuelto dentro de los quince (15) días siguientes. La reclamación no acarreará la paralización del procedimiento, ni obstaculizará la posibilidad de que sean subsanadas las fallas u omisiones. Si el superior jerárquico encontrare fundado el reclamo, impondrá al infractor o infractores la sanción prevista en el artículo 100 de la presente Ley sin perjuicio e las demás responsabilidades y sanciones a que hubiere lugar.	sanciones disciplinarias correspondientes al funcionario que resulte responsable de la infracción denunciada.	del escrito. En ningún caso se suspenderá la tramitación del procedimiento en que se haya producido. **Artículo 77.3** La resolución recaída se notificará al reclamante en el plazo de un mes a contar desde que formuló la queja. **Artículo 77.4** La estimación de la queja podrá dar lugar, si hubiese razones para ello, a la incoación de expediente disciplinario contra el funcionario responsable de la infracción denunciada. **Artículo 77.5** Contra la resolución que se dicte no cabrá recurso alguno, sin perjuicio de

	LOPA Venezuela	**Proyecto ley**	**LPA 1958**
			alegar los motivos de la queja ante la Presidencia del Gobierno, así como al interponer los recursos procedentes contra la resolución principal.
Cláusula general del silencio administrativo.	**Artículo 4.** En los casos en que un órgano de la administración pública no resolviere un asunto o recurso dentro de los correspondientes lapsos, se considerara que ha resuelto negativamente y el interesado podrá intentar el recurso inmediato siguiente, salvo disposición expresa en contrario. Esta disposición no releva a los órganos administrativos, ni a sus personeros, de las responsabilidades que le sean imputadas por la omisión o la demora.		**Artículo 94.1** Cuando se formulare alguna petición ante la Administración y ésta no notificase su decisión en el plazo de tres meses, el interesado podrá denunciar la mora, y transcurridos tres meses desde la denuncia podrá considerar desestimada su petición, al efecto de deducir frente a esta denegación presunta, el correspondiente recurso administrativo o jurisdiccional según proceda o esperar la resolución expresa de su petición.

	LOPA Venezuela	Proyecto ley	LPA 1958
Cláusula general del silencio administrativo.			**Artículo 94.2** La denegación presunta no excluirá el deber de la Administración de dictar una resolución expresa. **Artículo 95.** El silencio se entenderá positivo, sin denuncia de mora cuando así se establezca por disposición expresa o cuando se trate de autorizaciones o aprobaciones que deban acordarse en el ejercicio de funciones de fiscalización y tutela de los órganos superiores sobre los inferiores. Si las disposiciones legales no previeran para el silencio positivo un plazo especial, éste será de tres meses a contar desde la petición.

	LOPA Venezuela	Proyecto ley	LPA 1958
Responsabilidad y sanciones debido al silencio.	**Artículo 4 Parágrafo Único.** La reiterada negligencia de los responsables de los asuntos o recursos que dé lugar a que éstos se consideren resueltos negativamente como se dispone en este artículo, les acarreará amonestación escrita a los efectos de lo dispuesto en la Ley de Carrera Administrativa, sin perjuicio de las sanciones previstas en el artículo 100 de esta Ley.		

	LOPA Venezuela	Proyecto ley	LPA 1958
Plazo de resolución de los asuntos que no requieran sustanciación.	**Artículo 5.** A falta de disposición, expresa toda petición, representación o solicitud de naturaleza administrativa dirigida por los particulares a los órganos de la Administración Pública y que no requiera sustanciación, deberá ser resuelta dentro de los veinte (20) días siguientes a su presentación o a la fecha posterior en la que el interesado hubiere cumplido los requisitos legales exigidos. La Administración informará al interesado por escrito, y dentro de los cinco (5) días siguientes a la fecha de la presentación de la solicitud, la omisión o incumplimiento por éste de algún requisito.		

	LOPA Venezuela	**Proyecto ley**	**LPA 1958**
Responsabilidad civil del funcionario.	**Artículo 6.** Cuando la Administración haya incurrido en mora o retardo en el cumplimiento de las obligaciones contraídas con los administrados y ello acarreare daño patrimonial, el funcionario o funcionarios a quienes competa la tramitación del asunto, además de las sanciones previstas en esta Ley, será responsable civilmente por el daño ocasionado a la Administración.		

II. Actos Administrativos

	LOPA Venezuela	Proyecto ley	LPA 1958
Definición de acto administrativo.	**Artículo 7.** Se entiende por acto administrativo, a los fines de esta ley, toda declaración de carácter general o particular emitida de acuerdo con las formalidades y requisitos establecidos en la ley, por los órganos de la administración pública.		
Ejecutividad y Ejecutoriedad del acto administrativo.	**Artículo 8.** Los actos administrativos que requieran ser cumplidos mediante actos de ejecución, deberán ser ejecutados por la administración en el término establecido. A falta de este término, se ejecutarán inmediatamente.		**Artículo 44.** Los actos de la Administración sujetos al Derecho público serán ejecutivos, con arreglo a lo dispuesto en el capítulo V del título IV de esta Ley. **Artículo 45.1** Los actos de la Administración serán válidos y producirán efecto desde la fecha en que se dicten, salvo que en ellos se disponga otra cosa.

	LOPA Venezuela	**Proyecto ley**	**LPA 1958**
			Artículo 45.2 La eficacia quedará demorada cuando así lo exija el contenido del acto o esté supeditada a su notificación, publicación o aprobación superior.
Motivación del acto administrativo.	Artículo 9. Los actos administrativos de carácter particular deberán ser motivados, excepto los de simple trámite o salvo disposición expresa de la ley. A tal efecto, deberán hacer referencia a los hechos y a los fundamentos legales del acto.	Artículo 13. Los actos administrativos de carácter particular, excepto los de simple trámite y salvo expresa disposición legal en contrario, deberán ser motivados. A tal efecto, deberán contener una referencia a los hechos y a los fundamentos legales del acto.	Artículo 43.1 Serán motivadas, con sucinta referencia de hechos y fundamentos de Derecho:

Artículo 43.1.a Los actos que limiten derechos subjetivos.

Artículo 43.1.b Los que resuelvan recursos.

Artículo 43.1.c Los que se separen del criterio seguido en actuaciones precedentes o del dictamen de órganos consultivos.

Artículo 43.1.d Aquellos que deban serlo en virtud de disposiciones legales; y |

	LOPA Venezuela	Proyecto ley	LPA 1958
Motivación del acto administrativo.			**Artículo 43.1.e** Los acuerdos de suspensión de actos que hayan sido objeto de recurso. **Artículo 43.2** Se exceptúan de lo dispuesto en el párrafo anterior los actos enunciados en el artículo cuarenta, apartado b) de la Ley de Jurisdicción Contencioso-administrativa.
Reserva legal y carácter sublegal del acto administrativo.	**Artículo 10.** Ningún acto administrativo podrá crear sanciones, ni modificar las que hubieran sido establecidas en las leyes, crear impuestos u otras contribuciones de derecho público, salvo dentro de los limites determinados por la ley.	**Artículo 20.** Ningún acto o disposición administrativa podrá crear penas, ni imponer contribuciones, tasas u otras cargas.	

	LOPA Venezuela	**Proyecto ley**	**LPA 1958**
Retroactividad *in bonus* de los criterios de la Administración Pública	**Artículo 11.** Los criterios establecidos por los distintos órganos de la administración pública podrán ser modificados, pero la nueva interpretación no podrá aplicarse a situaciones anteriores, salvo que fuere más favorable a los administrados. En todo caso, la modificación de los criterios no dará derecho a la revisión de los actos definitivamente firmes.		
Retroactividad *in bonus* de los actos administrativos.			**Artículo 44.3** Excepcionalmente podrá otorgarse eficacia retroactiva a los actos cuando se dicten en sustitución de actos anulados, y asimismo cuando produzcan efectos favorables al interesado, siempre que los supuestos de hecho necesarios existieran ya en la fecha a que se retrotraiga la

	LOPA Venezuela	**Proyecto ley**	**LPA 1958**
Retroactividad *in bonus* de los actos administrativos			eficacia del acto y ésta no lesione derechos o intereses legítimos de otras personas
Límites a la discrecionalidad.	**Artículo 12.** Aun cuando una disposición legal o reglamentaria deje alguna medida o providencia a juicio de la autoridad competente, dicha medida o providencia deberá mantener la debida proporcionalidad y adecuación con el supuesto de hecho y con los fines de la norma, y cumplir los trámites, requisitos y formalidades necesarios para su validez y eficacia.	**Artículo 14.** Cuando una disposición legal o reglamentaria deja alguna medida o providencia a juicio de la autoridad competente, dichas medidas o providencias deben estar fundadas en principios, normas o apreciaciones de carácter técnico v en todo caso guardar la debida proporcionalidad y adecuación con la situación de hecho y con los fines señalados por la norma.	

	LOPA Venezuela	**Proyecto ley**	**LPA 1958**
Principios de jerarquía y de generalidad.	Artículo 13. Ningún acto administrativo podrá violar lo establecido en otro de superior jerarquía; ni los de carácter particular vulnerar lo establecido en una disposición administrativa de carácter general, aun cuando fueren dictados por autoridad igual o superior a la que dicto la disposición general.	Artículo 6. Ningún acto administrativo podrá violar lo establecido en otro de superior jerarquía; ni los de carácter particular vulnerar lo establecido en una disposición administrativa de carácter general, aun cuando fueren dictados por autoridad igual o superior a la que dictó la disposición general.	
Jerarquía de los actos administrativos.	Artículo 14. Los actos administrativos tienen la siguiente jerarquía: decretos, resoluciones, órdenes, providencias y otras decisiones dictadas por órganos y autoridades administrativas.	Artículo 7. Los actos administrativos tienen la siguiente jerarquía: decretos, resoluciones ministeriales y órdenes dictadas por órganos y autoridades administrativas.	

	LOPA Venezuela	Proyecto ley	LPA 1958
Decretos presidenciales.	**Artículo 15.** Los decretos son las decisiones de mayor jerarquía dictadas por el Presidente de la República y, en su caso, serán refrendados por aquel o aquellos Ministros a quienes corresponda la materia o por todos, cuando la decisión haya sido tomada en Consejo de Ministros. En el primer caso, el Presidente de la República, cuando a su juicio la importancia del asunto lo requiera, podrá ordenar que sea refrendado además, por otros ministros.	**Artículo 8.** Adoptarán la forma de decretos, las disposiciones emanadas del Presidente de la República. Los decretos serán refrendados por aquél o aquellos de los Ministros a quienes corresponda la materia; o por todos, cuando la decisión haya sido tomada en Consejo de Ministros o, si a juicio del Presidente, la importancia del acto lo requiere.	
Resoluciones ministeriales.	**Artículo 16.** Las resoluciones son decisiones de carácter general o particular adoptadas por los ministros por disposición del Presidente de la República o por disposición específica de la ley. Las resoluciones deben ser suscritas por el ministro respectivo. Cuando la materia de una resolución	**Artículo 9.** Las resoluciones son decisiones de carácter general o particular, adoptadas por los Ministros, por disposición del Presidente de la República. Las resoluciones ministeriales deben ser suscritas por el Ministro respectivo.	

	LOPA Venezuela	**Proyecto ley**	**LPA 1958**
	corresponda a más de un ministro, deberá ser suscrita por aquellos a quienes concierna el asunto.	**Artículo 10.** Cuando la materia de una resolución corresponda a más de un Ministro, ésta deberá ser suscrita por aquellos a quienes concierne el asunto.	
Denominaciones de los actos administrativos	**Artículo 17.** Las decisiones de los órganos de la Administración Pública Nacional, cuando no les corresponda la forma de decreto o resolución, conforme a los artículos anteriores, tendrán la denominación de orden o providencia administrativa. También, en su caso, podrán adoptar las formas de instrucciones o circulares.	**Artículo 11.** Las órdenes son mandatos de las autoridades administrativas, dirigidos a los particulares o a los funcionarios y empleados públicos. Las órdenes dirigidas a los funcionarios y empleados podrán adoptar la forma de reglamentos de organización interna, instrucciones o circulares de servicio.

La jerarquía normativa de las órdenes corresponderá a la de los funcionarios de quienes emanen. | |

	LOPA Venezuela	Proyecto ley	LPA 1958
Requisitos del acto administrativo:	**Artículo 18.** Todo acto administrativo deberá contener:		
• Identificación del organismo.	**Artículo 18. Ordinal 1°:** Nombre del Ministerio u organismo a que pertenece el órgano que emite el acto.		
• Identificación del órgano.	**Artículo 18. Ordinal 2°:** Nombre del órgano que emite el acto.		
• Lugar y fecha	**Artículo 18. Ordinal 3°:** Lugar y fecha donde el acto es dictado.		
• Destinatario	**Artículo 18. Ordinal 4°:** Nombre de la persona u órgano a quien va dirigido.		
• Motivación del acto.	**Artículo 18. Ordinal 5°:** Expresión sucinta de los hechos, de las razones que hubieren sido alegadas y de los fundamentos legales pertinentes.		

	LOPA Venezuela	Proyecto ley	LPA 1958
• Decisión	**Artículo 18.** **Ordinal 6°:** La decisión respectiva, si fuere el caso.		
• Identificación del funcionario	**Artículo 18.** **Ordinal 7°:** Nombre del funcionario o funcionarios que los suscriben, con indicación de la titularidad con que actúen, e indicación expresa, en caso de actuar por delegación, del número y fecha del acto de delegación que confirió la competencia.		
.• Firma mecánica.	**Artículo 18.** **Ordinal 8°:** El sello de la oficina. El original del respectivo instrumento contendrá la firma autógrafa del o de los funcionarios que lo suscriban. En el caso de aquellos actos cuya frecuencia lo justifique, se podrá disponer mediante decreto, que la firma de los funcionarios sea estampada por medios mecánicos que ofrezcan garantías de seguridad.		

	III. Nulidad y Anulabilidad Ámbito de aplicación		
	LOPA Venezuela	**Proyecto ley**	**LPA 1958**
Aplicación subjetiva.	**Artículo 1 Parágrafo 2°** La Administración Pública Nacional y la Administración Pública Descentralizada, integradas en la forma prevista en sus respectivas leyes orgánicas, ajustarán su actividad a las prescripciones de la presente ley.	**Artículo 1 Parágrafo 1°** La Administración Pública Nacional ajustará su actuación a las prescripciones de la presente Ley, las cuales serán supletorias de las normas que rigen el procedimiento administrativo de los entes descentralizados.	**Artículo 1.1** La Administración del Estado ajustará su actuación a las prescripciones de esta Ley.
Aplicación objetiva.	**Artículo 1 Parágrafo 2°** Las administraciones Estadales y Municipales, la Contraloría General de la República y la Fiscalía General de la República, ajustarán igualmente sus actividades a la presente ley, en cuanto les sea aplicable.	**Artículo 1 Parágrafo 2°** Los procedimientos previstos en esta ley serán de obligatoria observancia cuando no hubiere alguno especialmente señalado por Ley.	**Artículo 1.4** Esta Ley será supletoria de las normas que regulan el procedimiento administrativo de las Corporaciones Locales y de los Organismos autónomos.

	Nulidad absoluta de los actos.		
	LOPA Venezuela	**Proyecto ley**	**LPA 1958**
Los actos son nulos de pleno derecho (absolutos).	**Artículo 19.** Los actos de la administración serán absolutamente nulos en los siguientes casos:	**Artículo 15.** Los actos de la administración serán nulos de pleno derecho en los siguientes casos:	**Artículo 47.1** Los actos de la Administración son nulos de pleno derecho en los casos siguientes:
Nulidad textual.	**Artículo 19 Ordinal 1°.** Cuando así esté expresamente determinado por una norma constitucional o legal.	**Artículo 15 Ordinal 1°.** Cuando así esté expresamente determinado por una norma constitucional o legal. **Artículo 15 Parágrafo único.** Cualesquiera otros vicios de los actos administrativos, los harán anulables de acuerdo con el sistema de recursos consagrados por esta ley y por la de la Jurisdicción Contencioso-Administrativa.	**Artículo 47.2** También serán nulas de pleno derecho las disposiciones administrativas en los casos previstos en el artículo veintiocho de la Ley de Régimen Jurídico de la Administración del Estado

	LOPA Venezuela	Proyecto ley	LPA 1958
Resuelve un caso previo que creó derechos.	**Artículo 19. Ordinal 2°.** Cuando resuelvan un caso precedentemente decidido con carácter definitivo y que haya creado derechos particulares, salvo autorización expresa de la ley.	**Artículo 15 Ordinal 2°.** Cuando resuelva un asunto precedentemente decidido con carácter definitivo y que haya creado derechos a particulares.	
Cumplimiento imposible o ilegal.	**Artículo 19 Ordinal 3°.** Cuando su contenido sea de imposible o ilegal ejecución.	**Artículo 15 Ordinal 3°.** Cuando su contenido sea de imposible ejecución o bien conduzca a la comisión de hechos delictivos; y	**Artículo 47.1.b** Aquellos cuyo contenido sea imposible o sean constitutivos de delito.
Incompetencia manifiesta o prescindencia total del procedimiento	**Artículo 19 Ordinal 4°.** Cuando hubieren sido dictados por autoridades manifiestamente incompetentes, o con prescindencia total y absoluta del procedimiento legalmente establecido.	**Artículo 15 Ordinal 4°.** Cuando hubieren sido dictados por autoridades manifiestamente incompetentes o con prescindencia total y absoluta del procedimiento legalmente establecido.	**Artículo 47.1.a** Los dictados por órgano manifiestamente incompetente. **Artículo 47.1.c** Los dictados prescindiendo total y absolutamente del procedimiento legalmente establecido

	LOPA Venezuela	**Proyecto ley**	**LPA 1958**
			para ello o de las normas que contienen las reglas esenciales para la formación de la voluntad de los órganos colegiados.
Principio de conservación del acto.	**Artículo 21.** Si en los supuestos del artículo precedente, el vicio afectare sólo una parte del acto administrativo, el resto del mismo, en lo que sea independiente, tendrá plena validez.	**Artículo 16.** Si cualquiera de los vicios señalados en el artículo precedente afectare sólo a una parte del acto administrativo, el resto del mismo, en lo que puede ser independiente, continuará teniendo plena validez.	**Artículo 50.1** La invalidez de un acto no implicará la de los sucesivos en el procedimiento que sean independientes del primero. **Artículo 50.2** La invalidez parcial del acto administrativo no implicaría la de las demás partes del mismo que sean independientes de aquélla.

Anulabilidad de los actos.

	LOPA Venezuela	Proyecto ley	LPA 1958
Causales de anulabilidad.	**Artículo 20.** Los vicios de los actos administrativos que no llegaren a producir la nulidad de conformidad con el artículo anterior, los harán anulables.	**Artículo 17.** Los vicios de forma de los actos administrativos darán lugar a la anulabilidad del acto en los siguientes casos: **Artículo 17 Ordinal 1°.** Cuando se trate de la ausencia total de la motivación, salvo que alguna disposición legal exima de la obligación de motivar; y **Artículo 17 Ordinal 2°.** Cuando se haya producido indefensión del particular que resulte afectado por el acto en un derecho subjetivo o en un interés legítimo, personal y directo.	**Artículo 48.1** Son anulables, utilizando los medios de fiscalización que se regulan en el título V de esta Ley, los actos de la Administración que incurran en cualquier infracción del ordenamiento jurídico, incluso la desviación, de poder. **Artículo 48.2** No obstante, el defecto de forma sólo determinará la anulabilidad cuando el acto carezca de los requisitos formales indispensables para alcanzar su fin o dé lugar a la indefensión de los interesados. **Artículo 49** Las actuaciones administrativas

	LOPA Venezuela	Proyecto ley	LPA 1958
Causales de anulabilidad.			realizadas fuera del tiempo establecido sólo implicarán la anulación del acto, si así lo impusiera la naturaleza del término o plazo, y la responsabilidad del funcionario causante de la demora si a ello hubiere lugar.
Principio de conservación del acto.			**Artículo 52** El órgano que declare la nulidad de actuaciones dispondrá siempre la conservación de aquellos actos y trámites, cuyo contenido hubiera permanecido el mismo de no haberse realizado la infracción origen de la nulidad.

	Convalidación de los actos anulables.		
	LOPA Venezuela	**Proyecto ley**	**LPA 1958**
Convalidación	**Artículo 81** La administración podrá convalidar en cualquier momento los actos anulables, subsanando los vicios de que adolezcan.	**Artículo 18** La administración podrá convalidar en cualquier momento los actos anulables, subsanando los vicios de que adolezcan.	**Artículo 53.1** La Administración podrá convalidar los actos anulables subsanando los vicios de que adolezcan. **Artículo 53.2** Si el vicio consistiera en incompetencia, la convalidación podrá realizarse por el órgano competente cuando sea superior jerárquico del que dictó el acto convalidado. **Artículo 53.3** El acto de convalidación producirá efecto desde su fecha, salvo lo dispuesto anteriormente para la retroactividad de los actos administrativos.

	LOPA Venezuela	Proyecto ley	LPA 1958
Convalidación			**Artículo 53.4** Si el vicio consistiese en la falta de alguna autorización podrá ser convalidado el acto mediante el otorgamiento de la misma por el órgano competente. **Artículo 53.5** Lo dispuesto en el párrafo precedente no será aplicable a los casos de omisión de informes o propuestas preceptivos.

	IV. Las partes y la actividad administrativa **Las partes**		
	LOPA Venezuela	**Proyecto ley**	**LPA 1958**
Interesados.	**Artículo 22.** Se considerarán interesados, a los efectos de esta Ley, a las personas naturales o jurídicas a que se refieren los artículos 112 y 121 de la Ley Orgánica de la Corte Suprema de Justicia.	**Artículo 22.** Las personas que formulen a una autoridad administrativa una petición o recurso y aquellas otras a las que pueda dirigirse una determinada actividad de la administración, se considerarán interesados a los efectos de esta ley, siempre y cuando sean titulares de un derecho subjetivo o de un interés legítimo, personal y directo que puedan resultar afectados por la resolución administrativa.	**Artículo 23.** Se consideran interesados en el procedimiento administrativo: **Artículo 23.a** Quienes lo promuevan como titulares de derechos o intereses legítimos **Artículo 23.b** Los que sin haber iniciado el procedimiento, ostenten derechos que puedan resultar directamente afectados por la decisión que en el mismo se adopte.

	LOPA Venezuela	**Proyecto ley**	**LPA 1958**
Interesados no partícipantes inicialmente..	Artículo 23. La condición interesados la tendrán, también quienes ostenten las condiciones de titularidad señaladas en el artículo anterior aunque no hubieran intervenido en la iniciación del procedimiento, pudiendo, en tal caso, apersonarse en el mismo en cualquier estado en que se encuentre la tramitación.	Artículo 23. La condición de interesados la tendrán también quienes ostenten las condiciones de titularidad señaladas en el artículo anterior, aunque no hubieran intervenido en la iniciación del procedimiento, pudiendo en tal caso apersonarse en el mismo en cualquier estado en que se encuentre la tramitación.	Artículo 23.c Aquellos cuyos intereses legítimos, personales y directos puedan resultar afectados por la resolución y se personen en el procedimiento en tanto no haya recaído resolución definitiva.
Capacidad jurídica de los interesados		Artículo 24. Por lo que se refiere a sus relaciones con la Administración Pública, las condiciones relativas a la capacidad jurídica de los administrados serán las establecidas con carácter general en el Código Civil, salvo disposición expresa de la ley.	Artículo 24. Por lo que se refiere a sus relaciones con la administración pública, las cuestiones relacionadas con la capacidad jurídica y la capacidad de obrar de los administrados serán las establecidas con carácter general

	LOPA Venezuela	**Proyecto ley**	**LPA 1958**
Capacidad jurídica de los interesados			en el Código Civil, cuando no se establezca expresamente de otro modo.
Representación de los interesados.	**Artículo 25.** Cuando no sea expresamente requerida su comparecencia personal, los administrados podrán hacerse representar y, en tal caso, la administración se entenderá con el representante designado.	**Artículo 25.** Cuando no sea expresamente requerida su comparecencia personal, los interesados o sus representantes legales podrán hacerse representar, entendiéndose en tal caso las actuaciones administrativas con quien de acuerdo con lo que establece el artículo siguiente fuera designado como representante.	**Artículo 24.1** Los interesados con capacidad de obrar podrán actuar por medio de representante; se entenderán con éste las actuaciones administrativas cuando así lo solicite el interesado.

	LOPA Venezuela	Proyecto ley	LPA 1958
Forma de la representación.	**Artículo 26.** La representación señalada en el artículo anterior podrá ser otorgada por simple designación en la petición o recurso ante la administración o acreditándola por documento registrado o autenticado.	**Artículo 26.** La representación señalada en el artículo anterior podrá ser otorgada en documento público o en documento privado en forma autenticada.	**Artículo 24.2** Para formular reclamaciones, desistir de instancias y renunciar derechos en nombre de otra persona, deberá acreditarse la representación mediante documento público, documento privado con firma notarialmente legitimada y en su caso, legalizada, o poder «apud acta». Para los actos y gestiones de mero trámite se presumirá aquella representación.

	LOPA Venezuela	**Proyecto ley**	**LPA 1958**
Actuación personal del interesado.	**Artículo 27.** La designación de representante no impedirá la intervención ante la Administración Pública a quien se hubiera hecho representar, ni el cumplimiento por este de las obligaciones que exijan su comparecencia personal.	**Artículo 28.** La designación de representante no excluye ni la posibilidad ni la obligación de intervenir por quien lo hubiere designado, así como el cumplimiento de las obligaciones que con carácter personal hubieran de ser realizadas.	
Obligación de informar.	**Artículo 28.** Los administrados están obligados a facilitar a la Administración Pública la información de que dispongan sobre el asunto de que se trate, cuando ello sea necesario para tomar la decisión correspondiente y les sea solicitada por escrito.	**Artículo 29.** Los administrados están obligados a facilitar a la administración las respuestas, informes e investigaciones que aquella pueda ordenar siempre y cuando vengan establecidas por ley o por las disposiciones administrativas que en ejecución de las mismas puedan dictarse.	

	LOPA Venezuela	**Proyecto ley**	**LPA 1958**
Obligación de comparecer.	Artículo 29. Los administrados estarán obligados a comparecer a las oficinas públicas cuando sean requeridos, previa notificación hecha por los funcionarios competentes para la tramitación de los asuntos en los cuales aquellos tengan	Artículo 30. Los administrados estarán obligados a comparecer en las oficinas públicas siempre y cuando fueran requeridos a hacerlo en base a una ley o a una disposición reglamentaria de carácter general.	Artículo 28.1 La comparecencia de los administrados ante las oficinas públicas sólo será obligatoria cuando así esté previsto en una disposición legal o reglamentaria.

La Actividad Administrativa.

	LOPA Venezuela	**Proyecto ley**	**LPA 1958**
Principios de la actividad administrativa.	Artículo 30. La actividad administrativa se desarrollará con arreglo a principios de economía, eficacia, celeridad e imparcialidad. Las autoridades superiores de cada organismo velarán por el cumplimiento de estos preceptos cuando deban	Artículo 31. La actuación administrativa se desarrollará con arreglo a normas de economía, celeridad y eficacia. Las autoridades superiores de cada organismo velarán por el cumplimiento de este precepto que servirá de criterio interpretativo	Artículo 29.1 La actuación administrativa se desarrollará con arreglo a normas de economía, celeridad y eficacia. Artículo 29.2 Las autoridades superiores de cada Centro o Dependencia velarán respecto de sus subordinados,

	LOPA Venezuela	Proyecto ley	LPA 1958
Principios de la actividad administrativa.	resolver cuestiones relativas a las normas de procedimiento.	para resolver las cuestiones que puedan suscitarse en la aplicación de las normas de procedimiento. Este mismo criterio presidirá las tareas de normalización y racionalización a que se refieren los artículos siguientes.	por el cumplimiento de este precepto, que servirá también de criterio interpretativo para resolver las cuestiones que puedan suscitarse en la aplicación de las normas de procedimiento. **Artículo 29.3** Este mismo criterio presidirá las tareas de normalización y racionalización a que se refieren los artículos siguientes y la revisión preceptuada en la disposición final quinta de la presente Ley.
Unidad del expediente.	**Artículo 31.** De cada asunto se formará expediente y se mantendrá la unidad de éste y de la decisión respectiva, aunque deban intervenir en el procedimiento oficinas de distintos	**Artículo 36.** De cada asunto se formará expediente y se mantendrá la unidad de éste y de la resolución, aunque deban intervenir en el procedimiento órganos de distintos ministerios	**Artículo 39.1** Cuando se trate de autorizaciones o concesiones en las que no obstante referirse a un solo asunto u objeto, hayan de Intervenir con facultades decisorias dos o más Departamentos ministeriales o varios Centros

	LOPA Venezuela	**Proyecto ley**	**LPA 1958**
Unidad del expediente.	ministerios o institutos autónomos.	o institutos autónomos, en sus casos.	directivos de un Ministerio, se instruirá un solo expediente y se dictará una resolución única.
Uniformidad de documentos y expedientes.	**Artículo 32.** Los documentos y expedientes administrativos deberán ser uniformes de modo que cada serie o tipo de ellos obedezca a iguales características. El administrado podrá adjuntar, en todo caso, al expediente, los escritos que estime necesarios para la aclaración del asunto.	**Artículo 32.** Los documentos y expedientes administrativos serán objeto de normalización, para que cada serie o tipo de los mismos obedezca a iguales características y formato.	**Artículo 30.1** Los documentos y expedientes administrativos serán objeto de normalización, para que cada serie o tipo de los mismo obedezca a iguales características y formato
Racionalización administrativa.	La administración racionalizara sus sistemas y métodos de trabajo y vigilara su cumplimiento. A tales fines, adoptará las medidas y procedimientos más idóneos.	Se procurará la racionalización de los trabajos burocráticos con vista a implantar una progresiva mecanización y automatización en las oficinas públicas, siempre que el volumen	**Artículo 30.2** Se racionalizarán los trabajos burocráticos y se efectuarán por medio de máquinas adecuadas, con vista a implantar una progresiva mecanización y automatismo

	LOPA Venezuela	Proyecto ley	LPA 1958
Racionalización administrativa.		del trabajo lo justifique. La normalización y racionalización serán establecidas para cada dirección por el Ministro respectivo, y cuando se trate de normas comunes a varios Ministerios, por la Presidencia de la República. Las oficinas técnicas procederán a la revisión periódica de los cuestionarios y otros impresos con objeto de simplificarlos.	en las oficinas públicas, siempre que el volumen, del trabajo haga económico el empleo de estos procedimientos.

	LOPA Venezuela	Proyecto ley	LPA 1958
Información sobre la organización y el procedimiento.	Artículo 33. Todas las entidades públicas sometidas a la presente Ley, prepararán y publicarán en la Gaceta Oficial correspondiente, reglamentos e instrucciones referentes a las estructuras, funciones, comunicaciones y jerarquías de sus dependencias. Asimismo en todas las pendencias al servicio del público, se informará a éste por los medios adecuados, sobre los fines, competencias y funcionamiento de sus distintos órganos y servicios. Igualmente informarán a los interesados sobre los métodos y procedimientos en uso en la tramitación o consideración de su caso.	Artículo 33. En todo departamento ministerial, organismo autónomo y demás unidades administrativas, se informará al público acerca de los fines, competencia y funcionamiento de sus distintos órganos y servicios mediante oficinas de información, publicaciones ilustrativas sobre tramitación de expedientes, diagramas de procedimiento, organigramas, indicación sobre localización de dependencias y horarios de trabajo y cualquier otro medio adecuado.	Artículo 33.1 En todo Departamento ministerial. Organismo autónomo o gran unidad administrativa de carácter civil se Informará al público acerca de los fines, competencia y funcionamiento de sus distintos órganos v servicios mediante oficinas de información, publicaciones ilustrativas sobre tramitación de expedientes, diagramas de procedimiento, organigramas, Indicación sobre localización de dependencias y horarios de trabajo y cualquier otro medio adecuado.

	LOPA Venezuela	**Proyecto ley**	**LPA 1958**
Orden de presentación.	**Artículo 34.** En el despacho de todos los asuntos se respetará rigurosamente el orden en que estos fueron presentados. Sólo por razones de interés público y mediante providencia motivada, el jefe de la oficina podrá modificar dicho orden, dejando constancia en el expediente.	**Artículo 34.** En el despacho de todos los asuntos se respetará rigurosamente el orden de su presentación, a menos que el jefe de la oficina, por resolución motivada de la cual se dejará copia en el expediente, resolviere alterar dicho orden cuando así lo aconsejaren especiales circunstancias del servicio. La infracción de lo aquí dispuesto acarreará responsabilidad para el funcionario..	**Artículo 74.2** En el despacho de los expedientes se guardará el orden riguroso de incoación en asuntos de homogénea naturaleza, salvo que por el Jefe de la Dependencia se dé orden motivada y escrita en contrario.
Decisiones en serie.	**Artículo 35.** Los órganos administrativos utilizarán procedimientos expeditivos en la tramitación de aquellos asuntos que así lo justifiquen. Cuando sean	**Artículo 35.** Los órganos administrativos utilizarán procedimientos sumarios de gestión para la solución de aquellos asuntos cuya frecuencia lo justifique.	**Artículo 38.** Cuando los órganos administrativos deban resolver una serie numerosa de expedientes homogéneos, establecerán un procedimiento

.	**LOPA Venezuela**	**Proyecto ley**	**LPA 1958**
Decisiones en serie.	idénticos los motivos y fundamentos de las resoluciones, se podrán usar medios de producción en serie, siempre que no se lesionen las garantías jurídicas de los interesados.	Cuando sean idénticos los motivos y fundamentos de las resoluciones, se podrán usar medios de producción en serie de aquéllas, siempre que no se lesionen las garantías jurídicas de los interesados.	sumario de gestión mediante formulario, impresos u otros métodos que permitan el rápido despacho de los asuntos, pudiendo incluso utilizar, cuando sean idénticos los motivos y fundamentos de las resoluciones, cualquier medio mecánico de producción en serie de las mismas, siempre que no se lesionen las garantías jurídicas de los interesados.

V. Inhibición

	LOPA Venezuela	Proyecto ley	LPA 1958
Deber de inhibición.	**Artículo 36.** Los funcionarios administrativos deberán inhibirse del conocimiento del asunto cuya competencia les esté legalmente atribuida, en los siguientes casos:	**Artículo 37.** Las autoridades administrativas deberán inhibirse del conocimiento de asuntos cuya competencia les esté legalmente atribuida, en los siguientes supuestos:	**Artículo 20.1** La autoridad o funcionario en quien se dé alguna de las circunstancias señaladas en el párrafo siguiente se abstendrá de intervenir en el procedimiento y lo comunicará a su superior inmediato, quien resolverá lo pertinente. **Artículo 20.2** Son motivos de abstención los siguientes:
Causales: • Interés personal o parentesco.	**Artículo 36 Ordinal 1°:** Cuando personalmente, o bien su cónyuge o algún pariente dentro del cuarto grado de consanguinidad o segundo de afinidad. tuvieren interés en el procedimiento.	**Artículo 37 Ordinal 1°:** Cuando personalmente o a través de terceros, tuvieren interés directo en el procedimiento o bien éste existiere por parte de su cónyuge o de sus familiares	**Artículo 20.2.a** Tener interés personal en el asunto o ser administrador de sociedad o entidad interesada, o en otro semejante cuya resolución pudiera influir en la de aquél,

	LOPA Venezuela	**Proyecto ley**	**LPA 1958**
		dentro del cuarto grado de consanguinidad o segundo de afinidad.	o cuestión litigiosa pendiente con algún interesado.
			Artículo 20.2.b Parentesco de consanguinidad dentro del cuarto grado o de afinidad dentro del segundo, con cualquiera de los interesados, con los administradores de entidades o sociedades interesadas y también con los asesores, representantes legales o mandatarios que intervengan en el procedimiento.
• Amistad íntima o enemistad manifiesta.	**Artículo 36 Ordinal 2°:** Cuando tuvieren amistad íntima o enemistad manifiesta con cualquiera de las personas interesadas que intervengan en el procedimiento.	**Artículo 37 Ordinal 4°:** Tener parentesco con alguno de los interesados hasta el cuarto grado de consanguinidad o el segundo de afinidad, ambos inclusive, o tener amistad íntima	**Artículo 20.2.c** Amistad íntima o enemistad manifiesta con alguna de las personas mencionadas en el apartado anterior.

	LOPA Venezuela	**Proyecto ley**	**LPA 1958**
• Intervención previa en el procedimiento o adelanto de opinión.	**Artículo 36 Ordinal 3°:** Cuando hubieren intervenido como testigos o peritos en el expediente de cuya resolución se trate, o si como funcionarios hubieren manifestado previamente su opinión en el mismo, de modo que pudieran prejuzgar ya la resolución del asunto, o, tratándose de un recurso administrativo, que hubieren resuelto o intervenido en la decisión del acto que se impugna. Quedan a salvo los casos de revocación de oficio y de la decisión del recurso de reconsideración.	o enemistad manifiesta con las personas que intervinieren en el procedimiento. **Artículo 37 Ordinal 5°:** Que haya intervenido como testigo o perito en el expediente de cuya resolución se trate o que como funcionario hubiere manifestado su juicio en el mismo, de modo que pudiera prejuzgar ya la resolución del asunto, o si se tratase de un recurso administrativo, hubiera resuelto o intervenido en la resolución del acto que se impugna. Sin perjuicio de la revocación del oficio en su caso, y de la resolución del recurso de reconsideración.	**Artículo 20.2.d** Haber tenido intervención como perito o como testigo en el procedimiento de que se trate.

	LOPA Venezuela	Proyecto ley	LPA 1958
• Relación de servicio o subordinación.	**Artículo 36 Ordinal 4°:** Cuando tuvieren relación de servicio o de subordinación con cualquiera de los directamente interesados en el asunto.	**Artículo 37 Ordinal 6°:** Si uno de los interesados fuera superior jerárquico o existiera relación de servicio con persona natural o jurídica interesada directamente en el asunto. **Artículo 37 Ordinal 2°:** Cuando se encuentren con alguna de las partes en relación jurídica tal o en vinculación de hecho, suficientemente probada, que el resultado del procedimiento pueda influir en sus obligaciones, derechos o en sus simples intereses. **Artículo 37 Ordinal 3°:** Que tal relación exista con el cónyuge o parientes dentro del cuarto grado de consanguinidad o segundo de afinidad.	**Artículo 20.2.e** Tener relación de servicio con persona natural o jurídica interesada directamente en el asunto.

	LOPA Venezuela	**Proyecto ley**	**LPA 1958**
Excepción a la inhibición.	**Artículo 36 Parágrafo único:** Quedan exceptuados de esta disposición los funcionarios que tengan a su cargo la expedición de certificados adoptados en serie o conformen a modelos preestablecidos, de modo que les resulte en extremo difícil advertir la existencia de causas de inhibición.		
Plazo para inhibirse.	**Artículo 37.** El funcionario, dentro de los dos (2) días hábiles siguientes a aquel en que comenzó a conocer del asunto o en que sobrevino la causal, deberá plantear su inhibición en escrito razonado, y remitir, sin retardo,	**Artículo 38.** El funcionario que se encontrase en cualquiera de los casos previstos en el artículo anterior deberá inhibirse de conocer en el expediente de que se trate remitiéndolo al superior jerárquico,	

	LOPA Venezuela	**Proyecto ley**	**LPA 1958**
Decisión sobre la inhibición.	**Artículo 38.** El funcionario superior, dentro de los diez (10) días hábiles contados a partir de la fecha de recepción del expediente, deberá decidir, sin más trámites, si es procedente o no la inhibición. En el primer caso, el superior designará, en la misma decisión, un funcionario de igual jerarquía que conozca del asunto y, al efecto, le remitirá el expediente sin retardo alguno. En caso de que no existiere funcionario de igual jerarquía al que se hubiere inhibido, designará un funcionario ad-hoc. En caso de que no aceptara la inhibición, devolverá el expediente al funcionario inhibido, quien continuara conociendo del asunto.	**Artículo 39.** La autoridad superior, en el plazo de ocho días hábiles deberá decidir si la inhibición es o no procedente y si no hubiere resolución expresa en este plazo, se entenderá negada la inhibición. En caso de aceptar la inhibición, el superior señalará el funcionario que conocerá del asunto, el cual en ningún caso podrá ser de categoría inferior a la del que formuló la inhibición. En caso de que la inhibición no fuera aceptada, la autoridad superior devolverá el expediente para que el funcionario siga conociendo del mismo.	

	LOPA Venezuela	**Proyecto ley**	**LPA 1958**
Responsabilidad por no inhibirse.		**Artículo 40.** La no inhibición por parte de las autoridades y funcionarios en los casos que proceda dará lugar a responsabilidad.	**Artículo 20.5** La no abstención en los casos en que proceda dará lugar a responsabilidad.
La validez de las actuaciones de los funcionarios no inhibidos.		**Artículo 41.** La actuación de los funcionarios en los que concurran motivos de recusación no implicará necesariamente la invalidez de los actos en que hayan intervenido.	**Artículo 20.3** La actuación de funcionarios en los que concurran motivos de abstención no implicará necesariamente la invalidez de los actos en que hayan intervenido.
Orden de inhibición.	**Artículo 39.** El funcionario de mayor jerarquía en la entidad donde curse un asunto podrá ordenar de oficio o a instancia de los interesados, a los funcionarios incursos en las causales señaladas	**Artículo 42.** Los órganos superiores podrán ordenar a los funcionarios incursos en las causales señaladas en el artículo 37 que se abstengan de toda intervención en el procedimiento.	**Artículo 20.4** Los órganos superiores podrán ordenar a las personas en quienes se dé alguna de las circunstancias señaladas, que se abstengan de toda intervención en el expediente.

	LOPA Venezuela	**Proyecto ley**	**LPA 1958**
Orden de inhibición.	en el artículo 36 que se abstengan de toda intervención en el procedimiento, designando en el mismo acto al funcionario que deba continuar conociendo del expediente.		
Cooperación del funcionario inhibido.	**Artículo 40.** El funcionario que se haya inhibido prestará la cooperación que le sea requerida por el funcionario a quien se hubiese encomendado la resolución del asunto.	**Artículo 44.** No obstante la inhibición o la recusación del funcionario éste deberá llevar a cabo las actividades cuya realización no pueda demorarse por razones de servicio. Asimismo, prestará la cooperación que le sea requerida por el funcionario a quien se hubiere encomendado la resolución del asunto.	

Recusación

	LOPA Venezuela	Proyecto ley	LPA 1958
Legitimación, oportunidad y forma de la recusación.		**Artículo 43.** Cualquier interesado puede recusar al funcionario a quien correspondiere decidir un asunto, si existieren las causales de inhibición señaladas en el artículo 37 de esta ley y el funcionario no se hubiere abstenido. La recusación será hecha por escrito, dirigida a un Notario o Juez de la localidad, quien la hará llegar, en la forma más rápida al funcionario recusado y trasladará copia al funcionario que se hubiese señalado en el escrito como superior. El funcionario recusado, al recibir el escrito, decidirá el mismo día o al siguiente día hábil, si se abstiene o si considera infundada	**Artículo 21.1** En los casos previstos en el artículo anterior, podrá promoverse recusación en cualquier momento de la tramitación del procedimiento. **Artículo 21.2** La recusación se planteará por escrito en el que se expresará la causa o causas en que se funda. **Artículo 21.3** En el siguiente día el recusado manifestará a su inmediato superior si se da o no en él la causa alegada. En el primer caso, el superior acordará su sustitución acto seguido. **Artículo 21.4** Si niega la causa de recusación,

	LOPA Venezuela	**Proyecto ley**	**LPA 1958**
Legitimación, oportunidad y forma de la recusación.		la recusación, remitiendo, en todo caso, el expediente al superior jerárquico inmediato. El superior jerárquico, al recibir el expediente decidirá en la misma forma y términos establecidos en el artículo 39. Si declarare improcedente la recusación impondrá multa de dos mil a diez mil bolívares a quien la formuló.	el superior resolverá en el plazo de tres días, previos los informes y comprobaciones que considere oportunos.

	VI. Términos y plazos y recepción de documentos		
	LOPA Venezuela	**Proyecto ley**	**LPA 1958**
Obligatoriedad de los términos y plazos.	Artículo 41. Los términos o plazos establecidos en esta y en otras leyes relativas a la materia objeto de la presente, obligan por igual, y sin necesidad de apremio, tanto a las autoridades y funcionarios competentes para el despacho de los asuntos, como a los particulares interesados en los mismos.	Artículo 45. Los términos y plazos establecidos en ésta y en otras leyes, obligan por igual y sin necesidad de apremio tanto a las autoridades y funcionarios competentes para el despacho de los asuntos, como a los particulares interesados en los mismos.	Artículo 56. Los términos y plazos establecidos en esta u otras Leyes obligan por igual y sin necesidad de apremio a las autoridades y funcionarios competentes para el despacho de los asuntos y a los interesados en los mismos.
Cómputo de términos y plazos.	Artículo 42. Los términos o plazos se contarán siempre a partir del día siguiente de aquel en que tenga lugar la notificación o publicación. En los términos o plazos que vengan establecidos	Artículo 46. Los términos y plazos se contarán siempre a partir del día siguiente a aquel en que tenga lugar la notificación o publicación del acto de que se trate. Cuando vengan establecidos por días y no haya	Artículo 60.1 Siempre que no se exprese otra cosa, cuando los plazos se señalen por días se entiende que éstos son hábiles, excluyéndose del cómputo los feriados.

	LOPA Venezuela	**Proyecto ley**	**LPA 1958**
Cómputo de términos y plazos.	por días, se computarán exclusivamente los días hábiles, salvo disposición en contrario. Se entenderá por días hábiles, a los efectos de esta Ley, los días laborables de acuerdo con el calendario de la Administración Pública. Los términos y plazos que se fijaren por meses o años, concluirán en día igual al de la fecha del acto del mes o año que corresponda para completar el número de meses o años fijados en el lapso. El lapso que, según la regla anterior, debiera cumplirse en un día de que carezca el mes, se entenderá	disposición en contrario, se computarán exclusivamente los días hábiles. Si el plazo o término se fijare por semanas, meses o años se computarán de fecha a fecha de acuerdo con lo que establece el apartado primero de este artículo. Si tratándose de meses o años no hubiera día equivalente al que correspondiera al cumplimiento del término o plazo se entenderá entonces que expira el primer día hábil siguiente, criterio que en todo caso se seguirá cuando la conclusión del plazo o del término coincidiera con un día feriado. A los efectos de esta ley, se	**Artículo 60.2** Si el plazo se fija en meses, éstos se computarán de fecha a fecha si en el mes del vencimiento no hubiere día equivalente a aquel en que comienza el cómputo se entenderá que el plazo expira el último día del mes Si en años, se entenderán naturales en todo caso. **Artículo 60.3** Cuando el último día del plazo sea inhábil, se entenderá prorrogado al primer día hábil siguiente.

	LOPA Venezuela	**Proyecto ley**	**LPA 1958**
Cómputo de términos y plazos.	vencido el último de ese mes. Si dicho día fuere inhábil, el término o plazo respectivo expirará el primer día hábil siguiente.	entiende por día hábil el laborable.	
Documentos remitidos por correo.	**Artículo 43.** Se entenderá que los administrados han actuado en tiempo hábil cuando los documentos correspondientes fueren remitidos por correo al órgano competente de la administración con anterioridad al vencimiento de los términos y plazos y siempre que haya constancia de la fecha en que se hizo la remisión. A tales fines, el Ministerio de Transporte y Comunicaciones dictará la reglamentación pertinente.	**Artículo 47.** Se entenderán cumplidos los términos y plazos si los documentos de que se tratare fueron remitidos por correo con anterioridad a la finalización de aquellos, siempre y cuando quede debida constancia de la fecha en que se hizo la remisión.	**Artículo 66.3** Las Oficinas de Correos recibirán también las instancias o escritos dirigidos a los Centros o Dependencias administrativas siempre que se presenten en sobre abierto, para ser fechados y sellados por el funcionario de Correos antes de ser certificados. **Artículo 66.4** Se entenderá que los escritos han tenido entrada en el órgano administrativo competente en la fecha en que fueron

	LOPA Venezuela	**Proyecto ley**	**LPA 1958**
Documentos remitidos por correo.			entregados en cualquiera de las dependencias a que se refieren los párrafos anteriores.

Recepción de Documentos

	LOPA Venezuela	**Proyecto ley**	**LPA 1958**
Registro de presentación.	**Artículo 44.** En los Ministerios, organismos y demás dependencias públicas se llevará un registro de presentación de documentos en el cual se dejará constancia de todos los escritos, peticiones y recursos que se presenten por los administrados, así como de las comunicaciones que puedan dirigir otras autoridades.	**Artículo 48.** En todos los ministerios, organismos y dependencias a los que haya de aplicarse esta ley, habrá un registro de presentación de documentos en el que mediante el oportuno asiento se recogerán todos los escritos, peticiones y recursos que se presenten por los administrados, así como las comunicaciones que puedan dirigir otras autoridades. La organización y el funcionamiento	**Artículo 65.1** En todo Ministerio u Organismo autónomo se llevará, para todas sus dependencias radicadas en un mismo inmueble, un único Registro, en el que se hará el correspondiente asiento de todo escrito, comunicación u oficio que sea presentado o que se reciba en cualquiera de dichas dependencias, y de los proveídos de oficio que hayan de iniciar el procedimiento

	LOPA Venezuela	**Proyecto ley**	**LPA 1958**
Registro de presentación.	La organización y funcionamiento del registro se establecerán en el Reglamento de esta Ley.	del registro se establecerán en el reglamento de esta ley.	cuando así lo acordare la autoridad que los adopte. **Artículo 65.2** Las dependencias centrales que radiquen en inmuebles distintos y las de ámbito territorial menor, llevarán su correspondiente Registro cada una de ellas.
Advertencia de omisiones o irregularidades.	**Artículo 45.** Los funcionarios del registro que reciban la documentación advertirán a los interesados de las omisiones y de las irregularidades que observen, pero sin que puedan negarse a recibirla.	**Artículo 49.** Los funcionarios del registro que reciban la documentación velarán por el cumplimiento de las disposiciones de la Ley de Timbre Fiscal y advertirá a los interesados de las omisiones o irregularidades que observen.	

	LOPA Venezuela	**Proyecto ley**	**LPA 1958**
Constancia de recibo.	**Artículo 46.** Se dará recibo de todo documento presentado y de sus anexos, con indicación del número de registro que corresponda, lugar, fecha y hora de presentación. Podrá servir de recibo la copia mecanografiada o fotostática del documento que se presente, una vez diligenciada y numerada por los funcionarios del registro.	**Artículo 50.** Se dará recibo de todo documento presentado, con indicación del número de registro que corresponda. Podrá servir de recibo la copia mecanografiada o fotostática de los documentos que se presenten, una vez diligenciada y numerada por los funcionarios del registro, previo cotejo con los originales.	**Artículo 65.3** En la anotación del Registro constará, respecto de cada documento, un número, epígrafe expresivo de su naturaleza, fecha de presentación, nombre del interesado u oficina remitente y Dependencia a la que se envía, sin que deba consignarse en el Registro extracto alguno del contenido de aquéllos.

VII. Procedimiento ordinario

	LOPA Venezuela	Proyecto ley	LPA 1958
Aplicación preferente de leyes especiales.	Artículo 47. Los procedimientos administrativos contenidos en leyes especiales se aplicarán con preferencia al procedimiento ordinario previsto en este capítulo en las materias que constituyan la especialidad.	Artículo 51. El procedimiento que se establece en este Capítulo es de obligatoria observancia si el acto final pudiere causar lesión de los derechos subjetivos o de los intereses legítimos de un particular.	

Iniciación del procedimiento ordinario.

	LOPA Venezuela	Proyecto ley	LPA 1958
Inicio a instancia de parte o de oficio y notificación.	Artículo 48. El procedimiento se iniciará a instancia de parte interesada, mediante solicitud escrita, o de oficio. En el segundo caso, la autoridad administrativa competente o una autoridad	Artículo 52. El procedimiento administrativo se iniciará de oficio o a instancia de parte interesada, mediante solicitud escrita. En el primer caso, se iniciará por decisión propia de la autoridad administrativa	Artículo 67. El procedimiento podrá iniciarse de oficio o a instancia de persona interesada. Artículo 68. El procedimiento se iniciará de oficio por acuerdo del órgano

	LOPA Venezuela	**Proyecto ley**	**LPA 1958**
Inicio a instancia de parte o de oficio y notificación.	administrativa superior ordenará la apertura del procedimiento y notificará a los particulares cuyos derechos subjetivos o intereses legítimos, personales y directos pudieren resultar afectados, concediéndoles un plazo de diez (10) días para que expongan sus pruebas y aleguen sus razones	competente o como consecuencia de la orden de una autoridad administrativa superior.	competente, bien por propia iniciativa o como consecuencia de orden superior, moción razonada de los subordinados o denuncia.
Requisitos de la solicitud.	**Artículo 49.** Cuando el procedimiento se inicie por solicitud de persona interesada, en el escrito se deberá hacer constar:	**Artículo 53.** Cuando el procedimiento se inicie por solicitud de persona interesada, en el escrito que se presente deberá hacer constar:	**Artículo 69.1** Si se iniciara a instancia de los interesados, en el escrito que éstos presenten se hará constar:
• Órgano al que se dirige.	**Artículo 49. Ordinal 1°:** El organismo al cual está dirigido.	**Artículo 53. Ordinal 1°:** El organismo al cual está dirigido.	**Artículo 69.1.d** Centro o Dependencia al que se dirige.

	LOPA Venezuela	**Proyecto ley**	**LPA 1958**
• Identificación del interesado o su representante y domicilio procedimental.	**Artículo 49. Ordinal 2°:** La identificación del interesado, y en su caso, de la persona que actúe como su representante con expresión de los nombres y apellidos, domicilio, nacionalidad, estado civil, profesión y número de la cédula de identidad o pasaporte.	**Artículo 53. Ordinal 2°:** La identificación del interesado con expresión de sus nombres y apellidos, domicilio, profesión, estado civil y cédula de identidad, así como, en su caso, de la persona que actúe como representante, con expresa indicación de la dirección en la que han de llevarse a cabo las notificaciones pertinentes.	**Artículo 69.1.a** Nombre, apellidos y domicilio del interesado y, en su caso, además, de la persona que lo represente.
• Dirección de notificaciones	**Artículo 49. Ordinal 3°:** La dirección del lugar donde se harán las notificaciones pertinentes.		

	LOPA Venezuela	**Proyecto ley**	**LPA 1958**
• Exposición de hechos, razones y petición.	**Artículo 49. Ordinal 4°:** Los hechos, razones y pedimentos correspondientes, expresando con toda claridad la materia objeto de la solicitud.	**Artículo 53. Ordinal 3°:** Los hechos, razones y pedido que contenga, expresando con toda claridad las pretensiones a que se aspira.	**Artículo 69.1.b** Hechos, razones y súplica en que se concrete, con toda claridad, la petición.
• Anexos	**Artículo 49. Ordinal 5°:** Referencia a los anexos que lo acompañan, si tal es el caso.	**Artículo 53. Ordinal 5°:** Referencia a los anexos que lo acompañan, si tal es el caso.	
• Cualquier otro requisito que exija la ley.	**Artículo 49. Ordinal 6°:** Cualesquiera otras circunstancias que exijan las normas legales o reglamentarias.	**Artículo 53. Ordinal 6°:** Cualesquiera otras circunstancias que exijan las normas legales y reglamentarias expresas.	
• Firma.	**Artículo 49. Ordinal 7°:** La firma de los interesados.	**Artículo 53. Ordinal 5°:** El lugar en que el escrito ha sido redactado, fecha de su presentación y firma de los interesados.	**Artículo 69.1.c** Lugar, fecha y firma.

	LOPA Venezuela	**Proyecto ley**	**LPA 1958**
Omisiones o errores en la solicitud y subsanación.	**Artículo 50.** Cuando en el escrito o solicitud dirigida a la Administración Pública faltare cualquiera de los requisitos exigidos en el artículo anterior, la autoridad que hubiere de iniciar las actuaciones lo notificará al presentante, comunicándole las omisiones o faltas observadas a fin de que en el plazo de quince (15) días proceda a subsanarlos. Si el interesado presentare oportunamente el escrito o solicitud con las correcciones exigidas, y ésta fuere objetada por la administración debido a nuevos errores u omisiones, el solicitante podrá ejercer el recurso jerárquico contra la segunda decisión o bien corregir	**Artículo 54.** Cuando en el escrito o solicitud dirigida a la administración pública faltare cualquiera de los requisitos exigidos en el artículo anterior, la autoridad que hubiere de iniciar las actuaciones procederá a devolverlo al presentante con indicación de las omisiones o faltas observadas, a fin de que en el plazo de diez días se proceda a su oportuna rectificación; si tal no se hiciere se presumirá que el interesado desiste del procedimiento respectivo.	**Artículo 71.** Si el escrito de iniciación no reuniera los datos que señala el artículo sesenta y nueve, o faltara el reintegro debido, se requerirá a quien lo hubiese firmado para que, en un plazo de diez días, subsane la falta o acompañe los documentos preceptivos, con apercibimiento de que, si así no lo hiciere, se archivará sin más trámite.

	LOPA Venezuela	Proyecto ley	LPA 1958
Omisiones o errores en la solicitud y subsanación.	nuevamente sus documentos conforme a las indicaciones del funcionario.		

Sustanciación del procedimiento ordinario.

	LOPA Venezuela	Proyecto ley	LPA 1958
Inicio del procedimiento.	**Artículo 51.** Iniciado el procedimiento se procederá a abrir expediente en el cual se recogerá toda la tramitación a que dé lugar el asunto. De las comunicaciones entre las distintas autoridades, así como de las publicaciones y notificaciones que se realicen, se anexará copia al expediente.	**Artículo 56.** Iniciado el procedimiento, se procederá a abrir el oportuno expediente en el que se recogerá toda la tramitación que al respecto se lleve a cabo. De las comunicaciones entre las distintas autoridades así como de las publicaciones y notificaciones que se realicen tanto de los actos que lo requieran como de las resoluciones que se adopten, se conservarán siempre las copias correspondientes.	

	LOPA Venezuela	Proyecto ley	LPA 1958
Acumulación de expedientes.	**Artículo 52.** Cuando el asunto sometido a la consideración de una oficina administrativa tenga relación íntima o conexión con cualquier otro asunto que se tramite en dicha oficina, podrá el jefe de la dependencia, de oficio o a solicitud de parte, ordenar la acumulación de ambos expedientes, a fin de evitar decisiones contradictorias.	**Artículo 55.** Los funcionarios administrativos procurarán evitar que se dicten decisiones contradictorias en un mismo asunto, o sobre asuntos conexos. Por ello cuando el asunto sometido a la consideración de una oficina de la administración tuviere relación íntima o conexión importante con cualquier otro asunto que se tramitare en la misma oficina, podrá el jefe de la dependencia ordenar la acumulación de ambos procedimientos. Los particulares podrán solicitar también que tal acumulación sea acordada. La acumulación en ningún caso alterará o	**Artículo 73.1** El Jefe de la Sección o Dependencia donde se inicie o en que se tramite cualquier expediente, bien por propia Iniciativa o a instancia de los interesados, podrá disponer su acumulación a otros con los que guarda íntima conexión.

	LOPA Venezuela	**Proyecto ley**	**LPA 1958**
Acumulación de expedientes.		perjudicará la tramitación de cualquiera de los dos procedimientos en todo aquello que no afecte los derechos o intereses de los solicitantes.	
Deber de la Administración de impulsar el procedimiento.	**Artículo 53.** La administración, de oficio o a instancia del interesado, cumplirá todas las actuaciones necesarias para el mejor conocimiento, del asunto que deba decidir, siendo de su responsabilidad impulsar el procedimiento en todos sus trámites.	**Artículo 57.** El procedimiento se impulsará de oficio en todos sus trámites. La administración, de oficio o a instancia del interesado, llevará a cabo todos los actos necesarios para lograr la determinación precisa de las circunstancias en atención a las cuales deberá decidir.	**Artículo 74.1** El procedimiento se impulsará de oficio en todos sus trámites.

Artículo 81.1 La Administración desarrollará de oficio o a petición del interesado los actos de instrucción adecuados para la determinación, conocimiento y comprobación de los datos, en virtud de los cuales deba pronunciarse resolución. |

	LOPA Venezuela	**Proyecto ley**	**LPA 1958**
Solicitud de información o de documentación.	Artículo 54. La autoridad administrativa a la que corresponda la tramitación del expediente, solicitará de las otras autoridades u organismos los documentos, informes o antecedentes que estime convenientes para la mejor resolución del asunto. Cuando la solicitud provenga del interesado, éste deberá indicar la oficina donde curse la documentación.	Artículo 59. La autoridad administrativa a la que corresponda la tramitación del expediente podrá solicitar de otras autoridades u organismos los informes que estime conveniente a efectos de la mejor resolución del asunto.	Artículo 84.1 A efectos de la resolución del expediente se solicitarán aquellos informes que sean preceptivos por disposiciones legales, y los que se juzguen absolutamente necesarios, para acordar o resolver, citándose el precepto que los exija o fundamentando, en su caso, la conveniencia de reclamarlos.
Plazos para evacuación.	Artículo 55. Los documentos, informes y antecedentes a que se refiere el artículo anterior, deberán ser evacuados en el plazo máximo de quince (15) días si se solicitaren de funcionarios	Artículo 60. Los informes deberán ser evacuados en el plazo máximo de diez días, si se solicitaren de funcionarios del mismo organismo; o de quince,	Artículo 86.2 Los informes serán evacuados en el plazo de diez días, salvo disposición que permita otro mayor, que en ningún caso excederá de dos meses.

	LOPA Venezuela	**Proyecto ley**	**LPA 1958**
Plazos para evacuación.	del mismo organismo y de veinte (20) días en los otros casos Si el funcionario requerido considerare necesario un plazo mayor, lo manifestará inmediatamente al requirente, con indicación del plazo que estime necesario, el cual no podrá exceder en ningún caso del doble del ya indicado.	en los otros casos. Si el funcionario requerido considerare necesario un plazo mayor, lo manifestará al requirente, con indicación del plazo que estime necesario, el cual no podrá exceder en ningún caso del doble del ya indicado. Los informes serán breves, limitados a la información solicitada, sin incorporar a su texto los datos y actuaciones que aparezcan en el expediente.	
Efectos no suspensivos de la omisión de informes.	Artículo 56. La omisión de los informes y antecedentes señalados en los artículos anteriores no suspenderá la tramitación, salvo disposición expresa en contrario, sin	Artículo 61. La omisión de los informes señalados en los artículos anteriores no suspenderá la tramitación, salvo que aquellos tuvieren carácter preceptivo, sin perjuicio de la	Artículo 86.3 De no recibirse el informe en el plazo señalado, podrán proseguirse las actuaciones sin perjuicio de la responsabilidad en que incurra el funcionario culpable de la demora.

	LOPA Venezuela	**Proyecto ley**	**LPA 1958**
Efectos no suspensivos de la omisión de informes.	perjuicio de la responsabilidad en que incurra el funcionario por la omisión o demora.	responsabilidad en que incurra el funcionario por la omisión o demora.	
Carácter no vinculante de los informes.	Artículo 57. Los informes que se emitan, salvo disposición legal en contrario, no serán vinculantes para la autoridad que hubiere de adoptar la decisión.	Artículo 62. Los informes que se emitan, salvo disposición legal en contrario, no serán vinculantes para la autoridad que hubiere de resolver el expediente.	Artículo 85.2 Salvo disposición expresa en contrario, los informes serán facultativos y no vinculantes.
Uso de todos los medios de prueba permitidos por la ley	Artículo 58. Los hechos que se consideren relevantes para la decisión de un procedimiento podrán ser objeto de todos los medios de prueba establecidos en los Códigos Civil, de Procedimiento Civil y de Enjuiciamiento Criminal o en otras leyes.	Artículo 64. Los hechos que se consideraren relevantes para la decisión de un procedimiento podrán ser objeto de todos los medios de prueba establecidos en el Código Civil.

El funcionario sustanciador del expediente acordará de oficio o a solicitud del interesado, un lapso probatorio, si ello no fuere | Artículo 88.1 Los hechos relevantes para la decisión de un procedimiento podrán acreditarse por cualquier medio de prueba. |

	LOPA Venezuela	**Proyecto ley**	**LPA 1958**
Uso de todos los medios de prueba permitidos por la ley.		manifiestamente innecesario. El lapso probatorio no podrá exceder de veinte días, salvo que se trate de asuntos de especial complejidad, en cuyo caso el lapso podrá prorrogarse por veinte días más.	
Derecho de acceso al expediente y confidencialidad.	**Artículo 59.** Los interesados y sus representantes tienen el derecho de examinar en cualquier estado o grado del procedimiento, leer y copiar cualquier documento contenido en el expediente, así como de pedir certificación del mismo. Se exceptúan los documentos calificados como confidenciales por el superior jerárquico, los	**Artículo 58.** Los interesados tienen derecho a conocer el estado en que se encuentra la tramitación del expediente y a dirigir a la administración las comunicaciones que consideren pertinentes en defensa de sus derechos e intereses. **Artículo 65.** Los interesados y sus representantes tendrán derecho,	**Artículo 62.** Los interesados en un expediente administrativo tendrán derecho a conocer, en cualquier momento, el estado de su tramitación, recabando la oportuna información de las Oficinas correspondientes. **Artículo 63.1** Los Interesados podrán solicitar que se les expida copia certificada de extremos

	LOPA Venezuela	**Proyecto ley**	**LPA 1958**
Derecho de acceso al expediente y confidencialidad.	cuales serán archivados en cuerpos separados del expediente. La calificación de confidencial deberá hacerse mediante acto motivado.	en cualquier fase del procedimiento, a examinar, leer y copiar cualquier pieza del expediente, así como a pedir certificación de la misma, salvo en los siguientes casos: 1) De los documentos calificados como confidenciales por el superior jerárquico del organismo. 2) De los documentos cuyo conocimiento confiera al interesado alguna ventaja ilegítima en perjuicio de tercero. 3) De los proyectos de resolución, y de los informes de órganos consultivos o técnicos. En los casos en que se refiere este artículo, se desglosarán del expediente los documentos respecto de los cuales se niegue el acceso. La decisión denegatoria deberá ser motivada.	concretos contenidos en el expediente. **Artículo 63.2** La expedición de estas copias no podrá serles negada cuando se trate de acuerdos que les hayan sido notificados.

Terminación del procedimiento ordinario

	LOPA Venezuela	Proyecto ley	LPA 1958
Plazos para las decisiones..	**Artículo 60.** La tramitación y resolución de los expedientes no podrá exceder de cuatro (4) meses, salvo que medien causas excepcionales, de cuya existencia se dejará constancia, con indicación de la prórroga que se acuerde. La prórroga o prórrogas no podrán exceder, en su conjunto, de dos (2) meses.	**Artículo 66.** La tramitación y resolución de los expedientes no podrá exceder de seis meses, salvo que medien causas excepcionales, de cuya existencia se dejará constancia, con indicación de la prórroga que se acordare.	**Artículo 61.1** No podrá exceder de seis meses el tiempo que transcurra desde el día en que se inicie un procedimiento administrativo hasta aquel en que se dicte resolución, a no mediar causa excepcionales, debidamente justificadas, que lo impidieren, las cuales se consignarán en el expediente por medio de diligencia firmada por ei Jefe de la Sección correspondiente.

	LOPA Venezuela	**Proyecto ley**	**LPA 1958**
Inicio del plazo.	**Artículo 61.** El término indicado en el artículo anterior correrá a partir del día siguiente del recibo de la solicitud o instancia del interesado o a la notificación a éste, cuando el procedimiento se hubiera iniciado de oficio.	**Artículo 67.** El término indicado en el artículo anterior correrá a partir del recibo de la solicitud o instancia del interesado o de la notificación de éste, cuando el procedimiento se hubiere iniciado de oficio.	**Artículo 59.** Los plazos se contarán siempre a partir del día siguiente a aquél en que tenga lugar la notificación o publicación del acto de que se trate.
Alcance de la decisión.	**Artículo 62.** El acto administrativo que decida el asunto resolverá todas las cuestiones que hubieren sido planteadas, tanto inicialmente como durante la tramitación.	**Artículo 68.** La resolución del procedimiento decidirá todas las cuestiones que hubieren sido planteadas, tanto inicialmente como durante la tramitación.	**Artículo 93.1** La resolución decidirá todas las cuestiones planteadas por los interesados y aquellas otras derivadas del expediente.

	LOPA Venezuela	Proyecto ley	LPA 1958
Desistimiento del interesado.	**Artículo 63.** El procedimiento se entenderá terminado por el desistimiento que el interesado haga de su solicitud, petición o instancia. El desistimiento deberá formularse por escrito. En caso de pluralidad de interesados, el desistimiento de uno de ellos no afectará a los restantes. El funcionario que conozca del asunto formalizará el desistimiento por auto escrito y ordenará el archivo del expediente.	**Artículo 72.** Sin perjuicio de lo establecido en los artículos anteriores, se entenderá terminado el procedimiento por el desistimiento o la renuncia del interesado a la solicitud, petición o instancia que le hubiere dado inicio. El desistimiento o la renuncia deberá formularse por escrito. En caso de pluralidad de interesados, el desistimiento de uno de ellos no afectará a los restantes, conforme se dispone en el artículo siguiente.	**Artículo 96.1** Todo interesado podrá desistir de su petición o instancia o renunciar a su derecho. **Artículo 96.2** Si el escrito de incoación se hubiere formulado por dos o más interesados, el desistimiento o la renuncia sólo afectará a aquellos que la hubiesen formulado. **Artículo 97.1** Tanto el desistimiento como la renuncia podrán hacerse oralmente o por escrito. **Artículo 97.2** En el primer caso se formalizará por comparecencia del interesado ante el funcionario

	LOPA Venezuela	**Proyecto ley**	**LPA 1958**
			encargado de la instrucción, quien, juntamente con aquél, suscribirá la oportuna diligencia.
Perención	**Artículo 64.** Si el procedimiento iniciado a instancia de un particular se paraliza durante dos (2) meses por causa imputable al interesado, se operará la perención de dicho procedimiento. El término comenzará a partir de la fecha en que la autoridad administrativa notifique al interesado. Vencido el plazo sin que el interesado hubiere reactivado el procedimiento, el funcionario procederá a declarar la perención.	**Artículo 75.** El procedimiento iniciado a instancia de un particular perime si la tramitación se paraliza durante tres meses por causa imputable al interesado. El término comenzará a contarse a partir de la fecha en que la autoridad administrativa aperciba al interesado. La perención no operará cuando el interesado haya dejado de gestionar el asunto en virtud de haber transcurrido el término señalado en el artículo 70.	**Artículo 99.1** Transcurridos tres meses desde que un procedimiento promovido por un interesado se paralice por causa imputable al mismo, se producirá la caducidad de la instancia y se procederá al archivo de las actuaciones, a menos que la Administración ejercite la facultad prevista en el número dos del artículo noventa y ocho.

	LOPA Venezuela	**Proyecto ley**	**LPA 1958**
Efectos de la perención.	**Artículo 65.** La declaratoria de perención de un procedimiento no extingue los derechos y acciones del interesado y tampoco interrumpe el término de la prescripción de aquellos.	**Artículo 76.** La declaratoria de perención no extingue los derechos y acciones del interesado, pero el procedimiento perimido no interrumpirá el término de prescripción de aquellos.	**Artículo 99.2** La caducidad no producirá por sí sola la prescripción de las acciones del particular o de la Administración, pero los procedimientos caducados no interrumpirán el plazo de prescripción.
Continuación del procedimiento desistido o perimido.	**Artículo 66.** No obstante el desistimiento o perención, la administración podrá continuar la tramitación del procedimiento, si razones de interés público lo justifican.	**Artículo 74.** No obstante el desistimiento o la renuncia, la administración podrá continuar la tramitación del procedimiento, si razones de interés general lo justificaren. En este caso, los efectos del desistimiento o de la renuncia se limitarán a sus consecuencias patrimoniales.	**Artículo 98.2** Si la cuestión suscitada por la incoación del procedimiento entrañase interés general, o fuera conveniente sustanciarla para su definición y esclarecimiento, la Administración podrá limitar los efectos del desistimiento al interesado, y seguirá el procedimiento.

VIII. Procedimiento Sumario.

	LOPA Venezuela	Proyecto ley	LPA 1958
Inicio de oficio y plazo	**Artículo 67.** Cuando la administración lo estime conveniente, podrá seguir un procedimiento sumario para dictar sus decisiones. El procedimiento sumario se iniciará de oficio y deberá concluir en el término de treinta (30) días.	**Artículo 77.** En los supuestos distintos del previsto en el artículo 51 la administración podrá seguir un procedimiento sumario para sus decisiones. El procedimiento sumario deberá concluirse en el término de treinta días.	**Artículo 38.** Cuando los órganos administrativos deban resolver una serie numerosa de expedientes homogéneos, establecerán un procedimiento sumario de gestión mediante formulario, impresos u otros métodos que permitan el rápido despacho de los asuntos, pudiendo incluso utilizar, cuando sean idénticos los motivos y fundamentos de las resoluciones, cualquier medio mecánico de producción en serie de las mismas, siempre que no se lesionen las garantías jurídicas de los interesados.

	LOPA Venezuela	**Proyecto ley**	**LPA 1958**
Cambio de procedimiento si la complejidad del caso lo exigiere.	Artículo 68. Iniciado el procedimiento sumario, el funcionario sustanciador, con autorización del superior jerárquico inmediato y previa audiencia de los interesados, podrá determinar que se siga el procedimiento ordinario, si la complejidad del asunto así lo exigiere.	Artículo 78. Iniciado el procedimiento sumario, el funcionario sustanciador, con autorización del superior jerárquico y previa audiencia de los interesados, podrá determinar que se siga el procedimiento ordinario, si la complejidad del asunto lo aconsejare.	
Deber de la Administración de impulsar el procedimiento.	Artículo 69. En el procedimiento sumario la administración deberá comprobar de oficio la verdad de los hechos y demás elementos de juicio necesarios para el esclarecimiento del asunto.	Artículo 79. En el procedimiento sumario no habrá debates, defensas ni pruebas ofrecidas por las partes, pero la administración deberá comprobar de oficio la verdad de los hechos y demás elementos de juicio relevantes. Las pruebas se tramitarán sin señalamiento, comparecencia ni audiencia de los	

	LOPA Venezuela	Proyecto ley	LPA 1958
Deber de la Administración de impulsar el procedimiento.		interesados, salvo aquellos a quienes se convocare especialmente, a juicio de la autoridad administrativa	

IX. Publicidad de los actos administrativos.

	LOPA Venezuela	Proyecto ley	LPA 1958
Publicación de los actos administrativos	**Artículo 72.** Los actos administrativos de carácter general o que interesen a un número indeterminado de personas, deberán ser publicados en la Gaceta Oficial que corresponda al organismo que tome la decisión. Se exceptúan aquellos actos administrativos referentes a asuntos internos de la administración. También serán publicados en igual forma los actos administrativos de carácter particular cuando así lo exija la ley.	**Artículo 83.** Los actos administrativos que puedan ser de interés general o que afecten a un grupo indeterminado de personas, deberán ser publicados en la Gaceta Oficial de la República de Venezuela.	**Artículo 46.1** Los actos de la Administración se publicarán en los casos y con las modalidades establecidas por las normas que les sean aplicables. **Artículo 46.2** Los actos administrativos que tengan por destinatario una pluralidad indeterminada de sujetos, y aquellos para los que no fuere exigible la notificación personal, no producirán efectos respecto de los mismos en tanto no sean publicados legalmente.

	LOPA Venezuela	**Proyecto ley**	**LPA 1958**
Notificación de los actos administrativos.	**Artículo 73.** Se notificará a los interesados todo acto administrativo de carácter particular que afecte sus derechos subjetivos o sus intereses legítimos, personales y directos, debiendo contener la notificación el texto íntegro del acto, e indicar si fuere el caso, los recursos que proceden con expresión de los términos para ejercerlos y de los órganos o tribunales ante los cuales deban interponerse.	**Artículo 84.** Se notificará a los interesados toda resolución que afecte sus derechos o intereses. La notificación deberá contener el texto íntegro de la resolución e indicar si el acto es definitivo; los recursos que contra el mismo procedan, con expresión de los términos para ejercerlos, y los órganos o tribunales ante los cuales deban interponerse.	**Artículo 79.1** Se notificarán a los interesados las resoluciones que afecten a sus derechos o intereses

Artículo 79.2 Toda notificación se practicará en el plazo máximo de diez días, a partir de la resolución o acto que se notifique, y deberá contener el texto íntegro del acto, con la indicación de si es o no definitivo en la vía administrativa y, en su caso, la expresión de los recursos que contra la misma procedan, órgano ante el que hubieran de presentarse y plazo para interponerlos. sin perjuicio de que los interesados puedan ejercitar |

	LOPA Venezuela	**Proyecto ley**	**LPA 1958**
			cualquier otro que estimen pertinente.
Notificaciones defectuosas.	**Artículo 74.** Las notificaciones que no llenen todas las menciones señaladas en el artículo anterior se considerarán defectuosas y no producirán ningún efecto.	**Artículo 85.** Las notificaciones que no llenen todas las menciones señaladas en el artículo anterior se considerarán defectuosas y sólo producirán efectos una vez transcurridos quince días, a partir de la fecha de recibo por el interesado.	**Artículo 79.3** Las notificaciones defectuosas surtirán, sin embargo, efecto a partir de la fecha en que se haga manifestación expresa en tal sentido por el interesado o se interponga el recurso pertinente.
Medios y forma de notificación.	**Artículo 75.** La notificación se entregará en el domicilio o residencia del interesado o de su apoderado y se exigirá recibo firmado en el cual se dejará constancia de la fecha en que se realiza el acto y del contenido de la notificación, así como del	**Artículo 87.** La notificación se hará en el lugar que al efecto hubiere señalado el interesado o en su residencia, mediante oficio, carta o telegrama, dejando constancia de la fecha en que se lleva a cabo y del contenido de la resolución que se notifica.	**Artículo 80.1** Las notificaciones se realizarán mediante oficio, carta, telegrama o cualquier otro medio que permita tener constancia de la recepción, de la fecha y de la identidad del acto notificado, y se dirigirá en todo caso al domicilio del interesado o

	LOPA Venezuela	**Proyecto ley**	**LPA 1958**
	nombre y cédula de identidad de la persona que la reciba.		al lugar señalado por éste para las notificaciones. Si se tratase de oficio o carta, se procederá en la forma prevenida en el número tres del artículo sesenta y seis, uniéndose al expediente el resguardo del certificado.
Notificación impracticable y su publicación.	**Artículo 76.** Cuando resulte impracticable la notificación en la forma prescrita en el artículo anterior, se procederá a la publicación del acto en un diario de mayor circulación de la entidad territorial donde la autoridad que conoce del asunto tenga su sede y, en este caso, se entenderá notificado el interesado quince (15) días después	**Artículo 88.** La notificación podrá hacerse a cualquiera de las personas que se encuentren en la dirección señalada por el interesado. Si se tratare de interesados desconocidos o indeterminados o fuera imposible llevar a cabo la notificación en la forma señalada en el artículo anterior, se procederá a la publicación del acto.	**Artículo 80.2** De no hallarse presente el interesado en el momento de entregarse la notificación, podrá hacerse cargo de la misma cualquier persona que se encuentre en el domicilio y haga constar su parentesco o la razón de permanencia en el mismo. **Artículo 80.3** Cuando los interesados en un

	LOPA Venezuela	**Proyecto ley**	**LPA 1958**
	de la publicación, circunstancia que se advertirá en forma expresa. **Parágrafo único:** En caso de no existir prensa diaria en la referida entidad territorial, la publicación se hará en un diario de gran circulación de la capital de la República.	En caso de publicación se entenderá notificado el destinatario, vencidos que sean quince días a contar de aquella, de lo cual se hará expresa indicación.	procedimiento sean desconocidos o se ignore su domicilio, la notificación se hará por medio de anuncios en el tablón de edictos del Ayuntamiento de su último domicilio y en el BOLETÍN OFICIAL DEL ESTADO o de la provincia.
Consecuencias de notificación errónea.	**Artículo 77.** Si sobre la base de información errónea, contenida en la notificación, el interesado hubiere intentado algún procedimiento improcedente, el tiempo transcurrido no será tomado en cuenta a los efectos de determinar el vencimiento de los plazos que le corresponden para interponer el recurso apropiado.		

Ejecución de los actos administrativos.

	LOPA Venezuela	Proyecto ley	LPA 1958
Requisitos para la ejecución de actos materiales y vía de hecho. • Ejecutividad	**Artículo 78.** Ningún órgano de la administración podrá realizar actos materiales que menoscaben o perturben el ejercicio de los derechos de los particulares, sin que previamente haya sido dictada la decisión que sirva de fundamento a tales actos.	**Artículo 89.** Ningún órgano de la administración podrá realizar actos materiales que menoscaben o perturben el ejercicio de los derechos de los particulares, sin que previamente haya sido adoptada la resolución que sirva de fundamento a aquellos.	**Artículo 100.1** La Administración pública no iniciará ninguna actuación material que limite derechos de los particulares sin que previamente haya sido adoptada la decisión que le sirva de fundamento jurídico. **Artículo 100.2** El órgano que ordene un acto de ejecución material estará obligado a comunicar por escrito, y a requerimiento del particular interesado, la resolución que autorice la actuación administrativa. **Artículo 101.** Los actos y acuerdos de las Autoridades y

	LOPA Venezuela	**Proyecto ley**	**LPA 1958**
• Ejecutividad			Organismos de la Administración del Estado serán inmediatamente ejecutivos salvo lo previsto en el artículo ciento veinte y en aquellos casos en que una disposición establezca lo contrario o requiera aprobación o autorización superior.
Ejecutoriedad como regla.	Artículo 79. La ejecución forzosa de los actos administrativos será realizada de oficio por la propia administración salvo que por expresa disposición legal deba ser encomendada a la autoridad judicial.	Artículo 91. La ejecución forzosa de los actos administrativos, previo el correspondiente apercibimiento a los obligados, será realizada de oficio por la propia administración, salvo el caso de que por expresa disposición legal, deba ser encomendada a la autoridad judicial.	Artículo 102. La Administración pública, a través de sus órganos competentes en cada caso, podrá proceder, previo apercibimiento, a la ejecución forzosa de los actos administrativos, salvo cuando por ley exija la intervención de los Tribunales.

	LOPA Venezuela	**Proyecto ley**	**LPA 1958**
Ejecutoriedad como regla.		La obligación de entregar cuerpos ciertos o cantidades de dinero u otros bienes fungibles será ejecutable por intermedio de la autoridad judicial competente, salvo las excepciones legales establecidas.	
Modos de ejecución forzosa:	**Artículo 80.** La ejecución forzosa de actos por la administración se llevará a cabo conforme a las normas siguientes:	**Artículo 92.** La ejecución forzosa por la administración se llevará a cabo conforme a los siguientes procedimientos:	**Artículo 104.** La ejecución forzosa por la Administración se efectuará por los siguientes medios: a) Apremio sobre el patrimonio. b) Ejecución subsidiaria. c) Multa coercitiva d) Compulsión sobre las personas.
• Ejecución indirecta	**Artículo 80. Ordinal 1°:** Cuando se trate de actos susceptibles de ejecución indirecta	**Artículo 92. Ordinal 1°:** Cuando se trate de actos que no sean personalísimos	**Artículo 106.1** Habrá lugar a la ejecución subsidiaria cuando se trate de actos que por no

	LOPA Venezuela	**Proyecto ley**	**LPA 1958**
• Ejecución indirecta	con respecto al obligado, se procederá a la ejecución, bien por la administración o por la persona que esta designe, a costa del obligado	al obligado, se procederá a la ejecución subsidiaria, por cuenta de aquel, bien por la administración o por la persona que ésta designe.	ser personalísimos puedan ser realizados por sujeto distinto del obligado. **Artículo 106.2** En este caso, la Administración realizará el acto por si o a través de las personas que determine a costa del obligado **Artículo 106.3** El importe de los gastos, daños y perjuicios se exigirá del modo dispuesto en el artículo anterior. **Artículo 106.4** Esta exacción podrá ser cautelar y realizarse antes de la ejecución, a reserva de la liquidación definitiva.

	LOPA Venezuela	**Proyecto ley**	**LPA 1958**
• Ejecución personal.	**Artículo 80. Ordinal 2°:** Cuando se trate de actos de ejecución personal y el obligado se resistiere a cumplirlos, se le impondrán multas sucesivas mientras permanezca en rebeldía y, en el caso de que persista en el incumplimiento, será sancionado con nuevas multas iguales o mayores a las que se le hubieran aplicado, concediéndole un plazo razonable, a juicio de la administración, para que cumpla lo ordenado. Cada multa podrá tener un monto de hasta diez mil bolívares (Bs. 10.000,00), salvo que otra ley establezca una mayor, caso en el cual se aplicará ésta.	**Artículo 92. Ordinal 2°:** Cuando se trate del cumplimiento de obligaciones no susceptibles de ejecución subsidiaria, mediante la aplicación de multas coercitivas al obligado, que podrán ser reiteradas por lapsos de tiempo que sean suficientes para cumplir lo ordenado, conforme se determine en la ley.	**Artículo 107.1** Cuando así lo autoricen las leyes, y en la forma y cuantía que éstas determinen, la Administración podrá, para la ejecución de determinados actos, imponer multas coercitivas, reiteradas por lapsos de tiempo que sean suficientes para cumplir ordenado, en los siguientes supuestos. a) Actos personalísimos en que no proceda la compulsión directa sobre la persona del obligado. b) Actos en que, procediendo la compulsión, la Administración no la estimara conveniente. c) Actos cuya ejecución pueda el obligado encargar a otra persona.

	LOPA Venezuela	**Proyecto ley**	**LPA 1958**
• Ejecución personal.			**Artículo 107.2** La multa coercitiva será independiente de las que puedan imponerse en concepto de sanción y compatible con ellas.

X. Revisión de Oficio

	LOPA Venezuela	Proyecto ley	LPA 1958
Convalidación de actos anulables.	**Artículo 81.** La administración podrá convalidar en cualquier momento los actos anulables, subsanando los vicios de que adolezcan.	**Artículo 18.** La administración podrá convalidar en cualquier momento los actos anulables, subsanando los vicios de que adolezcan.	**Artículo 53.1** La Administración podrá convalidar los actos anulables. subsanando los vicios de que adolezcan.
Revocación del acto.	**Artículo 82.** Los actos administrativos que no originen derechos subjetivos o intereses legítimos, personales y directos para un particular, podrán ser revocados en cualquier momento, en todo o en parte, por la misma autoridad que los dictó, o por el respectivo superior jerárquico	**Artículo 19.** Los actos administrativos que no originen derechos o intereses legítimos, personales y directos para un particular, podrán ser revocados en cualquier momento, en todo o en parte, por la misma autoridad que los dictó o por el respectivo superior jerárquico.	**Artículo 110.1** La Administración no podrá anular de oficio sus propios actos declarativos de derechos, salvo cuando dichos actos infrinjan manifiestamente la Ley, según dictamen del Consejo de Estado, y no hayan transcurrido cuatro años desde que fueron adoptados. **Artículo 110.2** En los demás casos, para conseguir la anulación de

	LOPA Venezuela	**Proyecto ley**	**LPA 1958**
Revocación del acto.			dichos actos, la Administración deberá previamente declararlos lesivos para el interés público e impugnarlos ante la Jurisdicción contencioso-administrativa.
Reconocimiento de nulidad absoluta del acto.	**Artículo 83.** La administración podrá en cualquier momento, de oficio o a solicitud de particulares, reconocer la nulidad absoluta de los actos dictados por ella.	**Artículo 93.** La administración podrá, en cualquier momento, de oficio o a solicitud del interesado, declarar la nulidad de los actos a que se refiere el artículo 15 de esta Ley. **Artículo 94.** Salvo lo dispuesto en el artículo anterior, la administración no podrá anular de oficio sus propios actos cuando fuesen declarativos o constitutivos de derechos	**Artículo 109.** La Administración podrá en cualquier momento, de oficio o a instancia del interesado, y previo dictamen favorable del Consejo de Estado, declarar la nulidad de los actos enumerados en el artículo cuarenta y siete.

	LOPA Venezuela	Proyecto ley	LPA 1958
		a favor de particulares y hubieren quedado definitivamente firmes.	
Corrección de errores materiales.	Artículo 84. La administración podrá en cualquier tiempo corregir errores materiales o de cálculo en que hubiere incurrido en la configuración de los actos administrativos.	Artículo 95. La administración podrá, en cualquier momento, corregir errores materiales, de hecho o de cálculo en que hubiere incurrido en los actos administrativos.	Artículo 111. En cualquier momento podrá la Administración rectificar los errores materiales o de hecho y los aritméticos.

Disposiciones Generales de los Recursos Administrativos.

	LOPA Venezuela	Proyecto ley	LPA 1958
Legitimación y objeto.	Artículo 85. Los interesados podrán interponer los recursos a que se refiere este capítulo contra todo acto administrativo que ponga fin a un procedimiento,	Artículo 96. Los interesados podrán interponer los recursos jerárquicos y de reconsideración contra todo acto administrativo que ponga fin	Artículo 113.1 Contra las resoluciones administrativas y los actos de trámite que determinen la imposibilidad de continuar un procedimiento

	LOPA Venezuela	**Proyecto ley**	**LPA 1958**
Legitimación y objeto.	imposibilite su continuación, cause indefensión o lo prejuzgue como definitivo, cuando dicho acto lesione sus derechos subjetivos o intereses legítimos, personales y directos.	a un procedimiento, imposibilite su continuación, cause indefensión o prejuzgue el definitivo. Además, y en los casos previstos en el artículo 111 de esta Ley, los interesados podrán interponer el recurso de revisión.	o produzcan indefensión podrán utilizarse por los titulares de un derecho subjetivo o de un interés directo, personal y legítimo en el asunto los recursos de alzada y de reposición previo a la con carácter extraordinario, el de revisión. **Artículo 113.2** Los recursos contra un acto administrativo que se funden únicamente en la ilegalidad de alguna disposición administrativa de carácter general podrán interponerse directamente ante el órgano que dictó dicha disposición.

	LOPA Venezuela	**Proyecto ley**	**LPA 1958**
Formalidades de los recursos e irrelevancia de la falta de calificación.	**Artículo 86.** Todo recurso administrativo deberá intentarse por escrito y en él se observarán los extremos exigidos por el artículo 49. El recurso que no llenare los requisitos exigidos, no será admitido. Esta decisión deberá ser motivada y notificada al interesado. El error en la calificación del recurso por parte	**Artículo 97.** Todo recurso administrativo deberá intentarse por escrito en el que se expresará el nombre y el domicilio del recurrente y el de su representante, si fuere el caso; el acto que se recurre; las razones en que se funda; la autoridad ante la cual se interpone y el organismo ante el cual se recurre, si tal es el caso. El lugar que señale el recurrente como domicilio será aquel donde habrá de ser notificado de cualquier acto. El error en la calificación del recurso por parte	**Artículo 114.1** El escrito de interposición del recurso deberá expresar: **Artículo 114.1.a** El nombre y domicilio del recurrente a efectos de notificaciones **Artículo 114.1.b** El acto que se recurra y la razón de su impugnación **Artículo 114.1.c** Lugar, fecha y firma **Artículo 114.1.d** Centro o Dependencia al que se dirige; y **Artículo 114.1.e** Las demás particularidades exigidas en su caso por las disposiciones especiales. **Artículo 114.2** El error en la calificación del

	LOPA Venezuela	**Proyecto ley**	**LPA 1958**
Formalidades de los recursos e irrelevancia de la falta de calificación.	del recurrente no será obstáculo para su tramitación, siempre que del escrito se deduzca su verdadero carácter.	del recurrente no será obstáculo para su tramitación, siempre que del escrito se deduzca su verdadero carácter.	recurso por parte del recurrente no será obstáculo para su tramitación, siempre que del escrito se deduzca su verdadero carácter.
Ejecutividad y suspensión administrativa de los efectos.	**Artículo 87.** La interposición de cualquier recurso no suspenderá la ejecución del acto impugnado, salvo previsión legal en contrario. El órgano ante el cual se recurra podrá, de oficio o a petición de parte, acordar la suspensión de los efectos del acto recurrido en el caso de que su ejecución pudiera causar grave perjuicio al interesado, o si la impugnación se fundamentare en la nulidad	**Artículo 90.** Los actos administrativos, una vez que fueran publicados o debidamente notificados serán inmediatamente ejecutivos, por lo que conforme se establece en el artículo 98 de esta ley, la interposición de cualquier tipo de recurso no suspenderá la ejecución del acto. **Artículo 98.** La interposición de cualquier recurso, no suspenderá la ejecución del acto impugnado, salvo	**Artículo 101.** Los actos y acuerdos de las Autoridades y Organismos de la Administración del Estado serán inmediatamente ejecutivos salvo lo previsto en el artículo ciento veinte y en aquellos casos en que una disposición establezca lo contraído o requiera aprobación o autorización superior. **Artículo 116.** La interposición de cualquier recurso, excepto en los casos en

	LOPA Venezuela	Proyecto ley	LPA 1958
Ejecutividad y suspensión administrativa de los efectos.	absoluta del acto. En estos casos, el órgano respectivo deberá exigir la constitución previa de la caución que consideren suficiente. El funcionario será responsable por la insuficiencia de la caución aceptada.	previsión legal en contrario. El órgano ante el cual se recurra podrá, de oficio o a petición de parte, acordar la suspensión de los efectos del acto recurrido en el caso de que su ejecución pudiera causar grave perjuicio al interesado, o si la impugnación se fundamenta en alguna de las causas de nulidad de pleno derecho a que se refiere el Título I de esta Ley. En estos casos, el órgano respectivo podrá exigir a tal efecto, si lo estima conveniente, la constitución de la caución que se considere suficiente.	que una disposición establezca lo contrario, no suspenderá la ejecución del acto impugnado, pero la Autoridad a quien competa resolverlo podrá suspender de oficio o a instancia de parte la ejecución del acuerdo recurrido, en el caso de que dicha ejecución pudiera causar perjuicios de imposible o difícil reparación.

	LOPA Venezuela	**Proyecto ley**	**LPA 1958**
Límites de la delegación al momento de decidir.	**Artículo 88.** Ningún órgano podrá resolver, por delegación, los recursos intentados contra sus propias decisiones.	**Artículo 99.** No se podrán resolver por delegación recursos jerárquicos o de revisión contra actos dictados en ejercicio de las funciones propias del órgano al cual se han conferido las facultades delegadas	**Artículo 118.** No se podrán resolver por delegación recursos de alzada o revisión contra actos dictados por el propio órgano a quien se han conferido las facultades delegadas.
Exhaustividad y globalidad de la decisión	**Artículo 89.** El órgano administrativo deberá resolver todos los asuntos que se sometan a su consideración dentro del ámbito de su competencia o que surjan con motivo del recurso aunque no hayan sido alegados por los interesados.	**Artículo 100.** La autoridad que resuelva el recurso decidirá cuantas cuestiones plantee el expediente que, tanto de hecho como de derecho, hayan sido alegadas o no por los interesados. En este último caso se les oirá previamente.	**Artículo 119.** La autoridad que resuelva el recurso decidirá cuantas cuestiones plantee el expediente, hayan sido o no alegadas por los interesados. En este último caso se les oirá previamente.

	LOPA Venezuela	**Proyecto ley**	**LPA 1958**
Potestades administrativas en la resolución del recurso	**Artículo 90.** El órgano competente para decidir el recurso de reconsideración o el jerárquico, podrá confirmar, modificar o revocar el acto impugnado, así como ordenar la reposición en caso de vicios en el procedimiento, sin perjuicio de la facultad de la administración para convalidar los actos anulables.	**Artículo 105.** La resolución del recurso jerárquico confirmará, modificará o revocará el acto impugnado. La resolución del recurso podrá ordenar asimismo la reposición del procedimiento en caso de vicios de forma en la tramitación, sin perjuicio de lo dispuesto en esta Ley sobre la convalidación de actos irregulares.	**Artículo 124.** La resolución de un recurso de alzada confirmará, modificará o revocará el acto impugnado. Cuando existiendo vicio de forma no se estime procedente resolver sobre el fondo, ordenará que se retrotraiga el expediente al momento en que el vicio fué cometido salvo lo dispuesto en el artículo cincuenta y tres.
Lapso para cuando el que debe decidir sea el Ministro.	**Artículo 91.** El recurso de reconsideración, cuando quien deba decidir sea el propio Ministro, así como el recurso jerárquico, deberán ser decididos en los noventa (90) días siguientes a su presentación		

	LOPA Venezuela	**Proyecto ley**	**LPA 1958**
Agotamiento de la vía administrativa y silencio administrativo	Artículo 92. Interpuesto el recurso de reconsideración, o el jerárquico, el interesado no podrá acudir ante la jurisdicción de lo contencioso administrativo, mientras no se produzca la decisión respectiva o no se venza el plazo que tenga la administración para decidir.	Artículo 106. Transcurridos tres meses desde la interposición del recurso jerárquico sin que se notifique su resolución al interesado, se entenderá denegado y se considerará agotada la vía administrativa. Artículo 110. Transcurrido un mes desde la interposición del recurso de reconsideración sin que se notifique su resolución al interesado, se entenderá denegado y quedará expedita la vía contencioso administrativa. Si recayese resolución expresa, el plazo para ocurrir a dicha vía se contará desde la notificación de aquella.	

	LOPA Venezuela	**Proyecto ley**	**LPA 1958**
Obligatoriedad de agotar la vía administrativa y silencio administrativo	**Artículo 93.** La vía contencioso administrativa quedará abierta cuando interpuestos los recursos que ponen fin a la vía administrativa, estos hayan sido decididos en sentido distinto al solicitado, o no se haya producido decisión en los plazos correspondientes. Los plazos para intentar los recursos contenciosos son los establecidos por las leyes correspondientes.	**Artículo 102.** Se considera que agotan la vía administrativa los actos administrativos dictados en resolución de recursos jerárquicos.	**Artículo 125. 1** Transcurridos tres meses desde la interposición del recurso de alzada sin que se notifique su resolución, se entenderá desestimado y quedará expedita la vía procedente.

	Recurso de Reconsideración.		
	LOPA Venezuela	**Proyecto ley**	**LPA 1958**
Recurso de reconsideración	**Artículo 94.** El recurso de reconsideración procederá contra todo acto administrativo de carácter particular y deberá ser interpuesto dentro de los quince (15) días siguientes a la notificación del acto que se impugna, por ante el funcionario que lo dictó. Si el acto no pone fin a la vía administrativa, el órgano ante el cual se interpone este recurso, decidirá dentro de los quince (15) días siguientes al recibo del mismo. Contra esta decisión no puede interponerse de nuevo dicho recurso.	**Artículo 107.** El recurso de reconsideración puede proponerse contra todo acto administrativo que ponga fin a la vía administrativa y contra el cual no proceda intentar el recurso jerárquico. El recurso de reconsideración, sin embargo, no podrá interponerse contra aquellos actos que aún agotando la vía administrativa sean resolución de un recurso jerárquico.	**Artículo 126. 1.** El recurso de reposición previo al contencioso se interpondrá de conformidad con lo dispuesto en la Ley de lo Contencioso-administrativo, y se resolverá por el mismo órgano que dictó el acto recurrido. **Artículo 126.3.** Contra la resolución de un recurso de reposición no puede interponerse de nuevo dicho recurso.

	Recurso de Jerárquico.		
	LOPA Venezuela	**Proyecto ley**	**LPA 1958**
Recurso jerárquico	**Artículo 95.** El recurso jerárquico procederá cuando el órgano inferior decida no modificar el acto de que es autor en la forma solicitada en el recurso de reconsideración. El interesado podrá, dentro de los quince (15) días siguientes a la decisión a la cual se refiere el párrafo anterior, interponer el recurso jerárquico directamente para ante el Ministro.	**Artículo 101.** El recurso jerárquico será procedente contra todo acto administrativo que no ponga fin a la vía administrativa, en la forma siguiente:

Artículo 101. Ordinal 1°: Contra los actos administrativos dictados por órganos subalternos de los Ministerios, ante el Director respectivo.

Artículo 101. Ordinal 2°: Contra los actos administrativos dictados por los Directores de los Ministerios, ante el respectivo Director General.

Artículo 101. Ordinal 3°: Contra los actos administrativos dictados por | **Artículo 122.1** La resolución que no ponga fin a la vía administrativa podrá ser recurrida en alzada ante el órgano superior jerárquico que la dictó. A estos efectos, los Tribunales y Jurados de oposiciones y concursos se considerarán dependientes de la autoridad que haya nombrado al Presidente de los mismos.

Artículo 122.2 Si la resolución del recurso no agotase la vía administrativa, será admisible nuevo recurso de alzada; la resolución de este segundo recurso será definitiva en dicha vía, salvo |

	LOPA Venezuela	**Proyecto ley**	**LPA 1958**
Recurso jerárquico		por los Directores Generales, ante el respectivo Ministro. **Artículo 103.** El recurso jerárquico deberá intentarse dentro de los quince días siguientes a la notificación del acto que se impugna.	lo previsto en el párrafo siguiente. **Artículo 122.3** El recurso de súplica o alzada ante el Consejo de Ministros o ante la Presidencia del Gobierno, sólo podrá interponerse cuando esté expresamente establecido en una Ley y se presentará en la Presidencia del Gobierno. **Artículo 122.4** El plazo para la interposición del recurso de alzada será de quince días.
Recurso jerárquico impropio	**Artículo 96.** El recurso jerárquico podrá ser intentado contra las decisiones de los órganos subalternos de los institutos autónomos por ante los órganos superiores de ellos.	**Artículo 101. Ordinal 4°:** Contra los actos administrativos dictados por órganos subalternos de los institutos autónomos, ante	

	LOPA Venezuela	**Proyecto ley**	**LPA 1958**
Recurso jerárquico impropio	Contra las decisiones de dichos órganos superiores, operará recurso jerárquico para ante el respectivo ministro de adscripción, salvo disposición en contrario de la ley.	el respectivo órgano superior. **Artículo 101. Ordinal 3°:** Contra los actos administrativos dictados por los Directores Generales, ante el respectivo Ministro.	

Recurso de Revisión.			
	LOPA Venezuela	**Proyecto ley**	**LPA 1958**
Recurso de revisión y los supuestos de procedencia:	**Artículo 97.** El recurso de revisión contra los actos administrativos firmes podrá intentarse ante el Ministro respectivo en los siguientes casos:	**Artículo 111.** Podrá intentarse recurso de revisión ante el Ministro respectivo contra aquellos actos administrativos firmes en los siguientes casos:	**Artículo 127.** Podrá interponerse recurso extraordinario de revisión ante el Ministro competente contra aquellos actos administrativos firmes en que concurran alguna de las circunstancias siguientes: Primera: Que al dictarlos se hubiera incurrido en manifiesto

	LOPA Venezuela	**Proyecto ley**	**LPA 1958**
Recurso de revisión y los supuestos de procedencia:	**Artículo 97. Ordinal 1°:** Cuando hubieren aparecido pruebas esenciales para la resolución del asunto, no disponibles para la época de la tramitación del expediente. **Artículo 97. Ordinal 2°:** Cuando en la resolución hubieren influido, en forma decisiva, documentos o testimonios declarados falsos por sentencia judicial definitivamente firme.	**Artículo 111. Ordinal 1°:** Cuando hubieren aparecido documentos de valor esencial para la resolución del asunto, desconocidos para la época de la tramitación del expediente. **Artículo 111. Ordinal 2°:** Cuando en la resolución hubieren influido en forma decisiva documentos o testimonios declarados falsos por sentencia judicial definitivamente firme.	error de hecho, que resulte de los propios documentos incorporados al expediente. Segunda: Que aparezcan documentos de valor esencial para la resolución del asunto, ignorados al dictarse la resolución o de imposible aportación entonces al expediente. Tercera: Que en la resolución hayan influido esencialmente documentos o testimonios declarados falsos por sentencia judicial firme anterior o posterior a aquella resolución, siempre que en el primer caso, el interesado desconociera la declaración de falsedad.

	LOPA Venezuela	**Proyecto ley**	**LPA 1958**
Recurso de revisión y los supuestos de procedencia:	**Artículo 97. Ordinal 3°:** Cuando la resolución hubiese sido adoptada por cohecho, violencia, soborno u otra manifestación fraudulenta y ello hubiere quedado establecido en sentencia judicial, definitivamente firme.	**Artículo 111. Ordinal 3°:** Cuando la resolución hubiere sido adoptada por cohecho, violencia, soborno u otra manifestación fraudulenta y ello hubiese que dado establecido en sentencia judicial definitivamente firme.	Cuarta: Que la resolución se hubiese dictado como consecuencia de prevaricación, cohecho, violencia u otra maquinación fraudulenta v se haya declarado así en virtud de sentencia firme judicial.
Lapsos de interposición.	**Artículo 98.** El recurso de revisión sólo procederá dentro de los tres (3) meses siguientes a la fecha de la sentencia a que se refieren los numerales 2 y 3 del artículo anterior, o de haberse tenido noticia de la existencia de las pruebas a que se refiere el numeral 1 del mismo artículo.	**Artículo 112.** El recurso de revisión no procederá sino dentro de los tres meses siguientes a la fecha de la sentencia a que se refieren los números 2 y 3 del artículo anterior o de haberse tenido noticia de la existencia de los documentos a que se hace referencia en el número 1 del mismo artículo.	**Artículo 128.1** El recurso de revisión se interpondrá cuando se trate de la causa primera del artículo anterior dentro de los cuatro años siguientes a la fecha de notificación de la resolución impugnada **Artículo 128.1** En los demás casos el plazo será de tres meses, a contar del

	LOPA Venezuela	**Proyecto ley**	**LPA 1958**
Lapsos de interposición.			descubrimiento de los documentos o desde que quedó firme la sentencia judicial.
Lapso de decisión.	**Artículo 99.** El recurso de revisión será decidido dentro de los treinta (30) días siguientes a la fecha de su presentación.		

Bibliografía

AA.VV.: *Ley orgánica de procedimientos administrativos*. 5° Edición. Editorial jurídica venezolana. Caracas, 1989.

AA.VV.: *Jornadas Internacionales de Derecho Administrativo "Allan Randolph Brewer-Carías". Los requisitos y vicios de los actos administrativos*. Caracas, 2000.

ARAUJO-JUÁREZ, José: *La teoría de la forma y el derecho fundamental de defensa ante la Administración Pública*. En: PARRA ARANGUREN, F. y A. RODRÍGUEZ GARCÍA (Edits.): *Estudios de Derecho Administrativo. Libro Homenaje Universidad Central de Venezuela. 20 años de Especialización en Derecho Administrativo* Vol. I. UCV. Caracas, 2001.

_____: *Derecho Administrativo. Parte general*. Ediciones Paredes. Caracas, 2007

_____: *Derecho Administrativo General. Procedimiento y recurso administrativo*. Ediciones Paredes. Caracas, 2007.

_____: *La nulidad del acto administrativo*. Ediciones Paredes. Caracas, s/f.

_____: *Teoría de las nulidades del acto administrativo*. Revista de la Asociación Internacional de Derecho Administrativo Núm. 6. México, 2009.

_____: *Derecho Administrativo Constitucional*. CIDEP-EJV. Caracas, 2017.

_____: *Tratado de Derecho Administrativo General y Comparado. Volumen I: Fundamentos. Fuentes del Derecho*. CIDEP. Caracas, 2024.

_____: *Tratado de Derecho Administrativo General y Comparado. Volumen 3: Acto administrativo*. CIDEP. Caracas, 2024.

AZPÚRUA Q., Pedro Pablo y SOSA GÓMEZ, Cecilia: *Hacia una Ley de Aguas. Evolución del Proyecto de Ley (1972-1982)*. S/E. Caracas, 1984.

BALASSO TEJERA, Caterina: *Jurisprudencia sobre los actos administrativos (1980-1993)*. EJV. Caracas, 1998.

_____: *Jurisprudencia sobre procedimiento administrativo*. EJV. Caracas, 2019.

BELADIEZ ROJO, Margarita: *Validez y eficacia de los actos administrativos*. Marcial Pons. Madrid, 1994.

BELANDRIA GARCÍA, José Rafael: *El derecho de petición en España y Venezuela*. FUNEDA. Caracas, 2013.

BOCANEGRA SIERRA, Raúl: *Lecciones sobre el acto administrativo*. Civitas Ediciones S.L. Madrid, 2002.

BÓVEDA Z. Mery: *Evolución jurisprudencial en relación a la revocación de los actos administrativos*. Revista de Derecho Público Núm. 31. EJV. Caracas, 1987.

BREWER-CARÍAS, Allan R.: *Los límites del poder discrecional de las autoridades administrativas*. Revista de la Facultad de Derecho Núm. 2. UCAB, Caracas, 1965-66.

_____: *Jurisprudencia de la Corte Suprema de Justicia 1930-1974 y estudios de Derecho Administrativo. Tomo III. La actividad administrativa. Vol. I reglamentos, procedimiento y actos administrativos*. Instituto de Derecho Público-UCV. Caracas, 1976.

_____: *La carga de la prueba en el Derecho Administrativo*. Cuaderno de Trabajo Número 23. Instituto de Filosofía del Derecho. Universidad del Zulia. Venezuela, 1978.

_____: *El sentido del silencio administrativo negativo en la Ley Orgánica de Procedimientos Administrativos*. Revista de Derecho Público Núm. 8. EJV. Caracas, 1981.

_____: *El Derecho Administrativo y la participación de los administrados en las tareas administrativas*. Revista de Derecho Público Núm. 22. EJV. Caracas, 1985.

_____: *Tratado de Derecho Administrativo. Derecho Público en Iberoamérica. Los actos administrativos y lo contratos administrativos.* Volumen III. Civitas Thomson Reuters-Editorial Jurídica Venezolana, Madrid, 2013.

_____: *Tratado de Derecho Administrativo. Derecho Público en Iberoamérica. El procedimiento administrativo.* Volumen IV. Civitas Thomson Reuters-Editorial Jurídica Venezolana, Madrid, 2013.

_____: *Régimen general del procedimiento administrativo en la Ley Orgánica de Procedimientos Administrativos de 1981.* Revista Electrónica de Derecho Administrativo venezolano Núm. 11. 35 años de la Ley Orgánica de Procedimientos Administrativos. La Buena Administración. UMA. Caracas, 2017.

_____: *El procedimiento administrativo en el derecho administrativo comparado Iberoamericano (Estudio de las leyes de procedimiento administrativo).* En: RODRÍGUEZ-ARANA, J. y J.A. MORENO MOLINA (Dirs.): Código de Leyes de Procedimiento Administrativo en Iberoamérica. Segunda edición. Editorial Jurídica Venezolana. Caracas, 2021.

_____: *El procedimiento administrativo en Venezuela. El Proyecto de Ley de 1965 y la Ley Orgánica de Procedimientos Administrativos de 1981*, EJV. Caracas, 2022.

_____: *40 años de la Ley Orgánica de Procedimientos Administrativos*, conferencia virtual del 08/11/22. Aula virtual Brewer-Carías-FUNEDA-CIDEP-Universitas fundación: https://www.youtube.com/watch?v=3ZpoRi8Q_6c

_____: *Proyectos de Ley en materia de Derecho Público.* EJV. Caracas, 2022.

BREWER-CARÍAS, Allan R. y Mary RAMOS FERNÁNDEZ: *Evolución jurisprudencial del Derecho a la defensa en el procedimiento administrativo.* Revista de Derecho Público Núm. 7. EJV. Caracas, 1981.

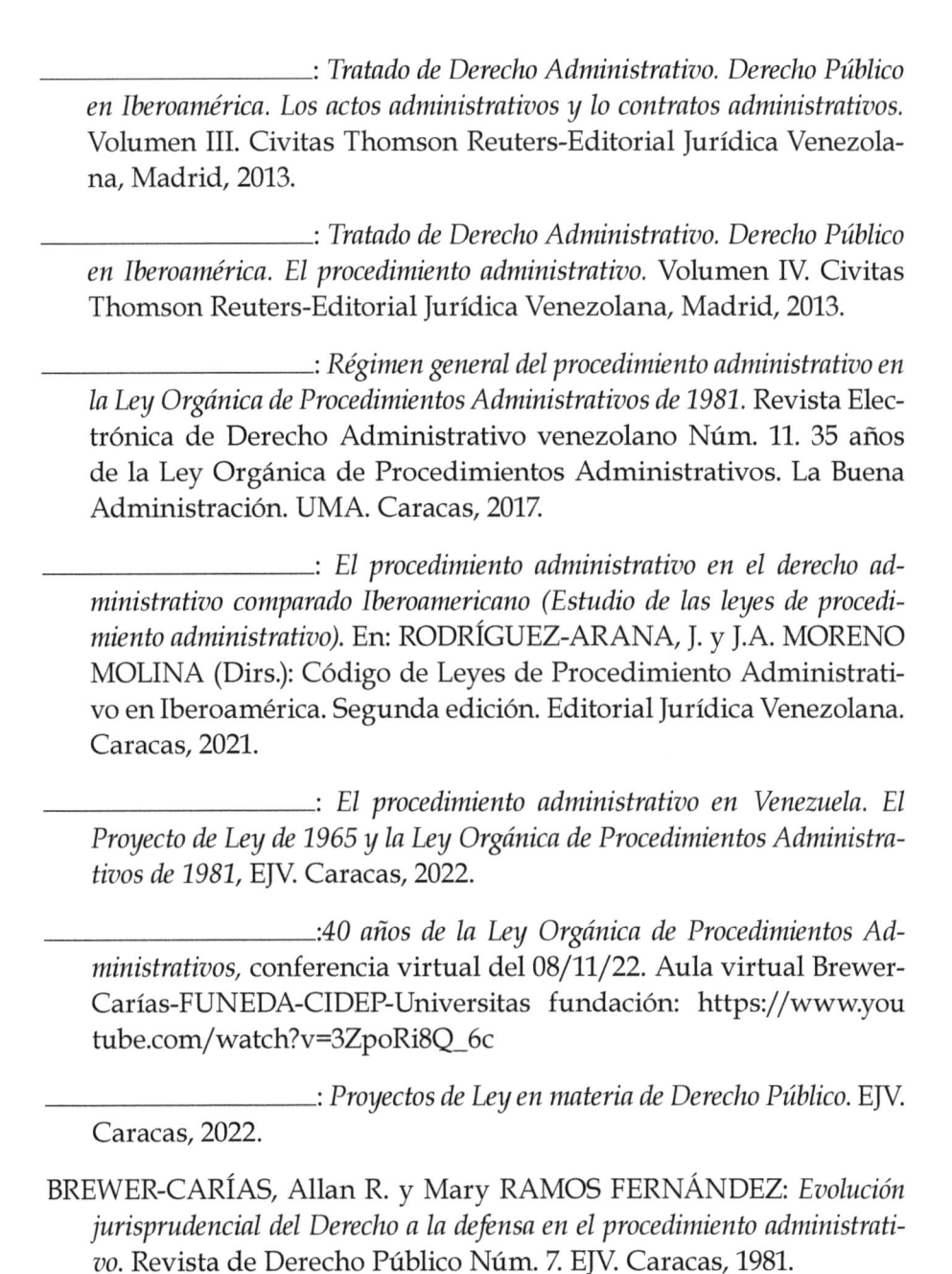

BRICEÑO LEÓN, Humberto: *Inconstitucional extinción y caducidad de la acción y reclamos contra el silencio administrativo. Venezuela y el Derecho Comparado. (C.S.J. Ford Motor de Venezuela):* En: RAMÍREZ LANDAETA, B. y M. AMPARO GRAU (Coords.): *Josefina Calcaño de Temeltas. Análisis doctrinario de su emblemática obra jurisprudencial.* FUNEDA-AVEDA-ACIENPOL. Editorial Jurídica Venezolana International. Panamá, 2024.

CABALLERO ORTIZ, Jesús: *El recurso jerárquico impropio en la Ley Orgánica de Procedimientos Administrativos.* En: INSTITUTO DE DERECHO PÚBLICO. Archivo de Derecho Público y Ciencias de la Administración. Vol. IV-1980-1981. UCV-FCJP. Caracas, 1983.

CALCAÑO DE TEMELTAS, Josefina: *Aspectos generales del régimen legal de la Corte Suprema de Justicia.* En: Ley Orgánica de la Corte Suprema de Justicia. Editorial Jurídica Venezolana, Caracas, 1991.

CANÓNICO SARABIA, Alejandro: *La no reformatio in peius en los recursos administrativos.* En: CANÓNICO SARABIA, A. (Coord.): Visión actual de los procedimientos administrativos. III Congreso Internacional de Derecho Administrativo, Margarita, 2011. EJV-CAJO. Caracas, 2011.

_____: *Propuesta de modificación de la Ley de procedimientos administrativos con relación a la revisión de los actos administrativos.* Boletín Electrónico de Derecho Administrativo de la Universidad Católica Andrés Bello. Número Especial II Jornadas de Derecho Administrativo "José Araujo Juárez". Caracas, 2017.

CARRILLO ARTILES, Carlos Luis: *El redimensionamiento del recurso jerárquico impropio en Venezuela.* En: PARRA ARANGUREN, F. (Edit.): Temas de Derecho Administrativo. Libro homenaje a Gonzalo Pérez Luciani. Vol. I. TSJ. Caracas, 2002.

CASADO HIDALGO, Luis: *Presencia de elementos inquisitivos en la Ley Orgánica de Procedimientos Administrativos.* En: INSTITUTO DE DERECHO PÚBLICO: Archivo de Derecho Público y Ciencias de la Administración: El procedimiento administrativo. Vol. IV. UCV-FCJP. Caracas, 1983.

DOMÍNGUILEZ GUILLÉN, María Candelaria: *Curso de. Derecho Civil III. Obligaciones*. RVLJ C.A. Caracas, 2017.

FARÍAS MATA, Luis Henrique: *El proceso de elaboración de la Ley Orgánica de Procedimientos Administrativos*. En: INSTITUTO DE DERECHO PÚBLICO: Archivo de Derecho Público y Ciencias de la Administración: El procedimiento administrativo. Vol. IV. UCV-FCJP. Caracas, 1983.

FERNÁNDEZ, Tomás Ramón: *La nulidad de los actos administrativos*. 2° edición. Editorial Jurídica Venezolana. Caracas, 1987.

FERNANDO PABLO, Marcos M.: *La motivación del acto administrativo*. Tecnos. Madrid, 1993.

GARCÍA DE ENTERRÍA, Eduardo y Tomás Ramón FERNÁNDEZ: *Curso de Derecho Administrativo –I-*. Vigésima edición. Civitas-Thomson Reuters. Pamplona-España, 2022.

GARCÍA SOTO, Carlos: *El carácter servicial de la Administración Pública: el artículo 141 de la Constitución*. Revista Electrónica de Derecho Administrativo Venezolano Núm. 11. 35 años de la Ley Orgánica de Procedimientos Administrativos. La Buena Administración. UMA. Caracas, 2017.

GORDILLO, Agustín: *Algunos aspectos del procedimiento administrativo en Venezuela*. Revista de Derecho Público Núm. 9. EJV. Caracas, 1982.

HERNÁNDEZ GONZÁLEZ, José Ignacio: *Algunas notas sobre los requisitos de validez de los actos administrativos*. En: Actualización en procedimiento administrativo. FUNEDA. Caracas, 2007.

_____: *Introducción al concepto constitucional de Administración Pública en Venezuela*. Editorial Jurídica Venezolana, Caracas, 2011.

_____: *Lecciones de Procedimiento Administrativo*. FUNEDA. Caracas, 2012.

HERNÁNDEZ-MENDIBLE, Víctor Rafael: *Los vicios intrascendentes en el Derecho Administrativo formal*. Revista de Derecho Público Núm. 51. EJV. Caracas, 1992.

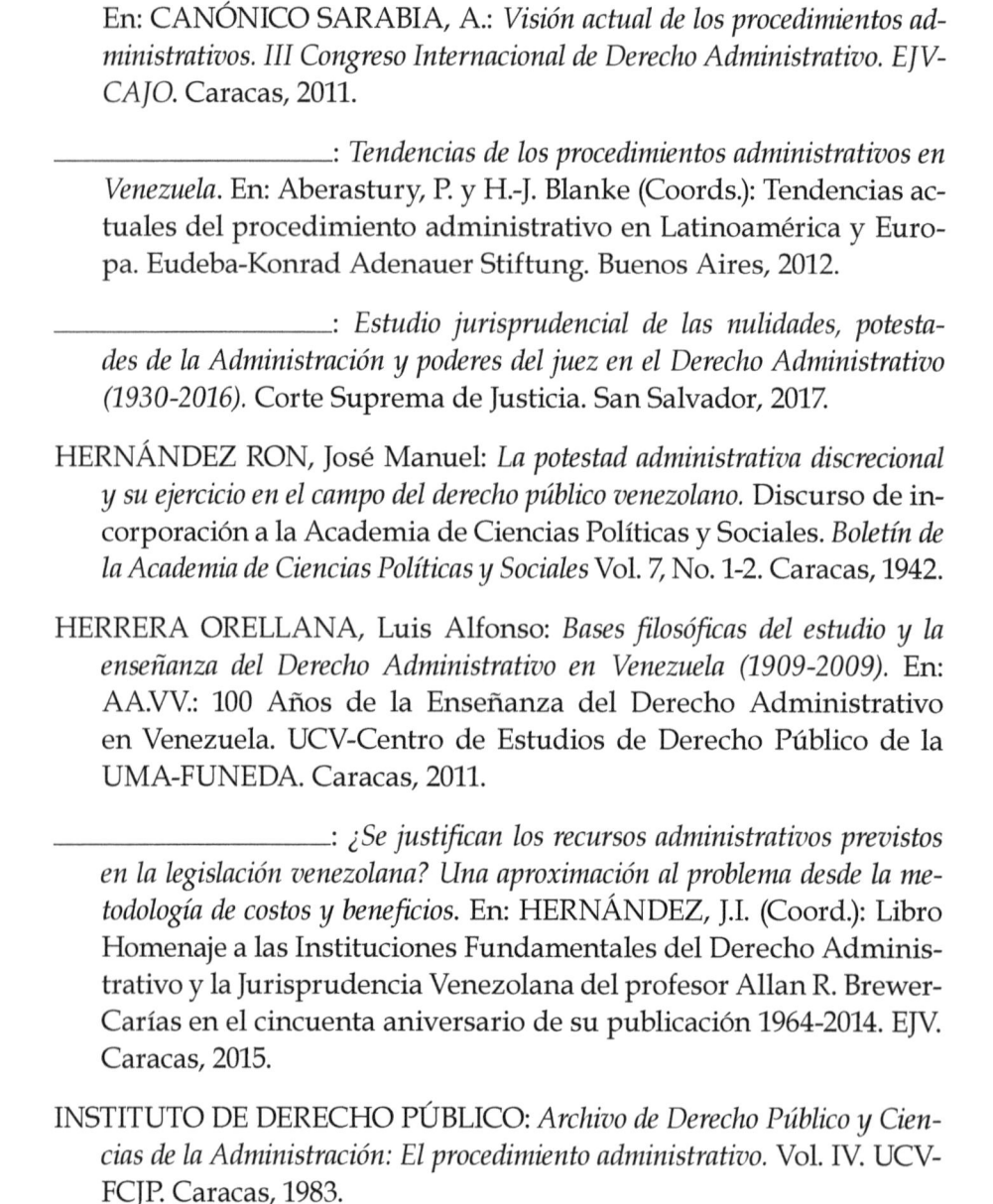

_____: *Los procedimientos administrativos en Venezuela*. En: CANÓNICO SARABIA, A.: *Visión actual de los procedimientos administrativos. III Congreso Internacional de Derecho Administrativo*. EJV-CAJO. Caracas, 2011.

_____: *Tendencias de los procedimientos administrativos en Venezuela*. En: Aberastury, P. y H.-J. Blanke (Coords.): Tendencias actuales del procedimiento administrativo en Latinoamérica y Europa. Eudeba-Konrad Adenauer Stiftung. Buenos Aires, 2012.

_____: *Estudio jurisprudencial de las nulidades, potestades de la Administración y poderes del juez en el Derecho Administrativo (1930-2016)*. Corte Suprema de Justicia. San Salvador, 2017.

HERNÁNDEZ RON, José Manuel: *La potestad administrativa discrecional y su ejercicio en el campo del derecho público venezolano*. Discurso de incorporación a la Academia de Ciencias Políticas y Sociales. *Boletín de la Academia de Ciencias Políticas y Sociales* Vol. 7, No. 1-2. Caracas, 1942.

HERRERA ORELLANA, Luis Alfonso: *Bases filosóficas del estudio y la enseñanza del Derecho Administrativo en Venezuela (1909-2009)*. En: AA.VV.: 100 Años de la Enseñanza del Derecho Administrativo en Venezuela. UCV-Centro de Estudios de Derecho Público de la UMA-FUNEDA. Caracas, 2011.

_____: *¿Se justifican los recursos administrativos previstos en la legislación venezolana? Una aproximación al problema desde la metodología de costos y beneficios*. En: HERNÁNDEZ, J.I. (Coord.): Libro Homenaje a las Instituciones Fundamentales del Derecho Administrativo y la Jurisprudencia Venezolana del profesor Allan R. Brewer-Carías en el cincuenta aniversario de su publicación 1964-2014. EJV. Caracas, 2015.

INSTITUTO DE DERECHO PÚBLICO: *Archivo de Derecho Público y Ciencias de la Administración: El procedimiento administrativo*. Vol. IV. UCV-FCJP. Caracas, 1983.

LEAL WILHELM, Salvador: *Teoría del acto administrativo*. Vadell Hermanos. Caracas-Valencia, 1997.

_____: *Teoría del procedimiento administrativo*. Vadell Hermanos Editores. Caracas-Valencia, Venezuela. 2001.

LINARES BENZO, Gustavo: *¿Incluso por desviación de poder? Los elementos del acto administrativo y sus mitos*. Revista Electrónica de Derecho Administrativo venezolano Núm. 15. UMA. Caracas, 2018.

MATA MARCANO, Gladys del V. y Marilena C. ASPRINO SALAS: *Algunas consideraciones sobre la función de los recursos administrativos*. Revista de Derecho Público Núm. 120. EJV. Caracas, 2009.

MEIER E., Henrique: *El procedimiento administrativo ordinario*. Editorial Jurídica Alva, S.R.L. Caracas, 1992.

_____: *Teoría de las nulidades en el Derecho Administrativo*. Segunda edición. Editorial Jurídica Alva, S.R.L. Caracas, 2001.

MUCI BORJAS, José Antonio: *Discrecionalidad administrativa y arbitrio juridicial*. UCAB-ACIENPOL-EJV. Caracas, 2024.

NIETO GARCÍA, Alejandro: *Derecho Administrativo Sancionador*. Quinta edición. Tecnos. Madrid, 2012.

ORTIZ-ÁLVAREZ, Luis: *El privilegio de autotutela y el principio del efecto no suspensivo de los recursos (Reflexiones históricas y de tutela judicial efectiva)*. Revista de Derecho Administrativo Núm. 1. Editorial Sherwood. Caracas, 1997.

_____: *¿Hacia una mejora de los trámites administrativos? Breves consideraciones sobre algunas innovaciones constitucionales y sobre la nueva Ley de Simplificación de Trámites Administrativos de 1999*. Revista de Derecho Administrativo Núm. 7. Editorial Sherwood. Caracas, 1999.

_____: *El silencio administrativo en el Derecho Venezolano*. Editorial Sherwood. Caracas, 2000.

PASCERI SCARAMUZZA, Pier Paolo: *De la sentencia "Ford Motors de Venezuela" a la insuficiente regulación actual del silencio administrativo negativo y del agotamiento de la vía administrativa. En: RAMÍREZ LANDAETA, B. y M. AMPARO GRAU (Coords.): *Josefina Calcaño de Temeltas. Análisis doctrinario de su emblemática obra jurisprudencial*. FUNEDA-AVEDA-ACIENPOL. Editorial Jurídica Venezolana International. Panamá, 2024.

PELLEGRINO PACERA, Cosimina G.: *La regulación general de los recursos administrativos en el sistema venezolano*. En: HERNÁNDEZ-MENDIBLE, V. (Coord.): Derecho Administrativo Iberoamericano. 100 autores en homenaje al postrado de Derecho Administrativo de la Universidad Católica Andrés Bello. Tomo II. Ediciones Paredes, Caracas, 2007.

_____: *Motivos de impugnación de los actos administrativos y la jurisprudencia de la Sala Político-Administrativa (Una revisión jurisprudencial a la luz de la Ley Orgánica de la Jurisdicción Contencioso Administrativa)*. FUNEDA. Caracas, 2018.

PEÑA SOLÍS, José: *Manual de Derecho Administrativo*. Volumen I. CIDEP. Caracas, 2021.

_____: *Hacia una definición de Administración Pública desde la perspectiva constitucional, con especial énfasis en su carácter de organización servicial que actúa objetivamente, bajo la dirección del Gobierno*. Revista Venezolana de Legislación y Jurisprudencia Núm. 16. Homenaje a Jesús Caballero Ortiz. Caracas, 2021.

PÉREZ SALAZAR, Gonzalo: *Los actos de trámite en el procedimiento administrativo y su impugnación*. Revista de Derecho Núm. 26. TSJ. Caracas, 2008.

PESCI FELTRI, Flavia: *Los principios rectores del procedimiento administrativo en Venezuela*. Revista Electrónica de Derecho Administrativo venezolano Núm. 14. UMA. Caracas, 2018.

_____: *Antecedentes de la Ley Orgánica de Procedimientos Administrativos venezolana*. Revista Electrónica de Derecho Administrativo venezolano Núm. 23. CIDEP. Caracas, 2021.

RACHADELL, Manuel: *Las garantías de los administrados en la Ley Orgánica de Procedimientos Administrativos*. En: INSTITUTO DE DERECHO

PÚBLICO: Archivo de Derecho Público y Ciencias de la Administración: El procedimiento administrativo. Vol. VII. UCV-FCJP. Caracas, 1983.

RIVERO YSERN, Enrique: "Prólogo". En: FERNANDO PABLO, Marcos M.: *La motivación del acto administrativo*. Tecnos. Madrid, 1993.

ROJAS PÉREZ, Manuel: *Principios de procedimiento administrativo en la Ley Orgánica de Procedimientos Administrativos*. Revista Electrónica de Derecho Administrativo venezolano Núm. 23. CIDEP. Caracas, 2021.

RONDÓN DE SANSÓ, Hildegard: *Problemas fundamentales que plantea la Ley Orgánica de Procedimientos Administrativos en las materias en las cuales rigen procedimientos especiales. Con particular referencia a la Ley de Propiedad Industrial*. Revista de Derecho Público Núm. 10. EJV, Caracas, 1982.

_____: *Estudio preliminar*. En: Ley Orgánica de Procedimientos Administrativos. 5° edición. EJV. Caracas, 1989.

_____: *El procedimiento administrativo y sus actuales tendencias legislativas*. FUNEDA. Caracas, 2011.

RUAN SANTOS, Gabriel: *La Administración y la Ley Orgánica de Procedimientos Administrativos*. Revista de Derecho Público Núm. 18. EJV. Caracas, 1984.

_____: *La Administración y la Ley Orgánica de Procedimientos Administrativos*. Revista Electrónica de Derecho Administrativo venezolano Núm. 11. 35 años de la Ley Orgánica de Procedimientos Administrativos. La Buena Administración. UMA. Caracas, 2017.

RUBIO CALDERA, Fanny: *La potestad correctiva de la Administración Pública (artículo 84 de la Ley Orgánica de Procedimientos Administrativos*. EJV-UCAT. Caracas, 2004.

SOCÍAS CAMACHO, Joana J.: *Error material, error de hecho y error de derecho. Concepto y mecanismos de corrección*. Revista de Administración Pública Núm. 157. CEPC. Madrid, 2002.

TORREALBA NARVÁEZ, Luis: *La aplicabilidad de la Ley Orgánica de Procedimientos Administrativos a los Estados y Municipios*. En: INSTITUTO DE DERECHO PÚBLICO: Archivo de Derecho Público y Ciencias de la Administración: El procedimiento administrativo. Vol. IV. UCV-FCJP. Caracas, 1983.

TORREALBA SÁNCHEZ, Miguel Ángel: *Manual de Contencioso Administrativo (Parte General)*. Segunda edición. Editorial Texto. Caracas, 2007.

_____: *La vía de hecho en Venezuela*. FUNEDA. Caracas, 2011.

_____: *Problemas fundamentales del contencioso administrativo venezolano en la actualidad*. FUNEDA. Caracas, 2013.

_____: *Las potestades discrecionales de la Administración y su control judicial. Panorama actual en la doctrina Hispanoamericana*. Revista Venezolana de Legislación y Jurisprudencia N° 7-II, homenaje a José Peña Solís. Caracas, 2016.

_____: *Una mirada retrospectiva al debido proceso en el procedimiento administrativo venezolano: Del proyecto de 1965 a la Ley Orgánica de Procedimientos Administrativos de 1981*. En: RODRÍGUEZ ARANA-MUÑOZ, J., DELPIAZZO RODRÍGUEZ, C., RODRÍGUEZ MARTÍN-RETORTILLO, M.C., CAMACHO CÉPEDA, G., MORAGA KLENNER, C. y MUÑOZ CHIU, N.M. (Coords.): Derechos humanos y Derecho Administrativo. Tirant Lo Blanch-Universidad de Chile. Valencia-España, 2023. Una segunda versión fue publicada en la Revista de Derecho Público Núm. 175-176. Junio-diciembre de 2023. EJV. Caracas, 2023.

_____: *El silencio administrativo y la sentencia Ford Motors. Su proyección actual*. En: RAMÍREZ LANDAETA, B. y M. AMPARO GRAU (Coords.): Josefina Calcaño de Temeltas. Análisis doctrinario de su emblemática obra jurisprudencial. FUNEDA-AVEDA-ACIENPOL. Editorial Jurídica Venezolana International. Panamá, 2024.

TOVAR TAMAYO, Orlando: *El proceso de elaboración de la Ley Orgánica de Procedimientos Administrativos*. En: Archivo de Derecho Público y

Ciencias de la Administración. Vol. IV-1980-1981. Instituto de Derecho Público. UCV-FCJP. Caracas, 1983.

TROCONIS TORRES, Andrés: *Los recursos administrativos (LOPA). Tratamiento legislativo y jurisprudencial.* En: Actualización en procedimiento administrativo. FUNEDA. Caracas, 2007.

URDANETA SANDOVAL, Carlos: *Acerca del "Debido Proceso" en los procedimientos desplegados para el ejercicio de las funciones administrativa y legislativa.* El Derecho Público a los 100 números de la Revista de Derecho Público 1980-2005. EJV. Caracas, 2006.

URDANETA TROCONIS, Gustavo: *En torno a la aplicabilidad de la Ley Orgánica de Procedimientos Administrativos a los Estados y a los Municipios.* En: INSTITUTO DE DERECHO PÚBLICO: Archivo de Derecho Público y Ciencias de la Administración: El procedimiento administrativo. Vol. VII. UCV-FCJP. Caracas, 1983.

_____: *Los motivos de impugnación en la jurisprudencia contencioso-administrativa venezolana en las últimas tres décadas.* En: Libro Homenaje al Profesor Luis Henrique Farías Mata. Colegio de Abogados del Estado Lara. Librería J. Rincón. Instituto de Estudios Jurídicos del Estado Lara. Barquisimeto, 2006.

_____: *Del origen de la Ley Orgánica de Procedimientos Administrativos.* Seminario: 40 años de la Ley Orgánica de Procedimientos Administrativos. Anuario de la Asociación Venezolana de Derecho Administrativo (AVEDA) año 2021. Caracas, 2023.

UROSA MAGGI, Daniela: *Inicio y sustanciación del procedimiento administrativo ordinario. Las garantías de los particulares durante estas fases.* En: Actualización en procedimiento administrativo. FUNEDA. Caracas, 2007.

_____: *Propuestas para la reforma de la Ley Orgánica de Procedimientos Administrativos: replanteamiento de las normas reguladoras del llamado silencio administrativo.* Boletín Electrónico de Derecho Administrativo de la Universidad Católica Andrés Bello. Número Especial II Jornadas de Derecho Administrativo "José Araujo Juárez". Caracas, 2017.

UROSA MAGGI, Daniela y HERNÁNDEZ G., José Ignacio: *Vicisitudes del silencio administrativo de efectos negativos en el Derecho venezolano.* En: Temas de Derecho Constitucional y Administrativo. Libro homenaje a Josefina Calcaño de Temeltas. FUNEDA. Caracas, 2010.